Die schönsten
Märchen und Geschichten

Bassermann

Der Text dieses Buches entspricht den Regeln der neuen deutschen Rechtschreibung.

ISBN 3 8094 1511 1

© der deutschen Ausgabe 2004 by Bassermann Verlag, einem Unternehmen der Verlagsgruppe Random House GmbH, 81673 München
© der englischen Originalausgabe 1996 by Bookmart Limited, Leicester, England
Originaltitel: My little Treasury of Stories and Rhymes
Die Verwertung der Texte und Bilder, auch auszugsweise, ist ohne Zustimmung des Verlags urheberrechtswidrig und strafbar. Dies gilt auch für Vervielfältigungen, Übersetzungen und Mikroverfilmung und für die Verarbeitung mit elektronischen Systemen.

Umschlagillustration: Cathie Shuttleworth
Zeichnungen: Martine Blaney, Jo Davies, Francesca Duffield, Colin and Moira Maclean, Jenny Press, Terry Rogers, Cathie Shuttleworth, Lesley Smith, Annabel Spenceley, Jenny Thorne, Jenny Williams, Linda Worrall
Texte: Nicola Baxter
Übersetzung: Inge Uffelmann, Bayreuth, und Brigitte Beck (Teddygeschichten)
Redaktion: Herta Winkler
Satz: Filmsatz Schröter, München

Printed in Singapore

104000197X817 2635 4453 62

INHALT

Teddygeschichten — **5**
Zehn kleine Teddybärchen — 6
Goldlöckchen und die drei Bären — 8
Der Teddy, der keine Kleider hatte — 12
Der Große Böse Bär — 16
Die große Baumbesteigung — 20
Der verloren gegangene Bär — 24
Der Bär im Bad — 28
Der schreckliche Hut — 34
Der allerschönste Bär — 38
Der Umzug — 42
Onkel Bobos aufregendes Leben — 46
Überall Bären — 50
Opa Bär geht angeln — 54
Harald Hubertus Bär — 58
Immer Ärger mit Eduard — 64
Bären im Bett — 68

Die schönsten Märchen — **69**
Rotkäppchen — 70
Die kleine Seejungfrau — 74
Aschenputtel — 78
Schneewittchen und die sieben Zwerge — 82
Däumelinchen — 86
Rumpelstilzchen — 90
Hänsel und Gretel — 94
Rapunzel — 98
Hans und der Bohnenstängel — 102
Der Lebkuchenmann — 106

Dornröschen	110
Des Kaisers neue Kleider	114
Der Fischer und seine Frau	118
Der Froschkönig	122
Die Prinzessin auf der Erbse	126
Die Riesenrübe	128
Aladin und die Wunderlampe	130

Geschichten und Gedichte von Tieren — 133

Drei kleine Schweinchen	134
Der Hase und die Schildkröte	138
Der Fuchs und die Ziege	140
Der gestiefelte Kater	142
Stadtmaus und Landmaus	146
Old MacDonald	150
Die Ameise und die Grille	152
Die kleine rote Henne	154
Der Elefant und die Maus	156
Der Wolf und die sieben Geißlein	158
Das häßliche Entlein	162
Herr Uhu und Frau Mieze	166
Androkles und der Löwe	168
Die Nachtigall	170
Peter und der Wolf	174
Die Arche Noah	178
Küken Schnüken	182
Wer kommt zum Geburtstag?	186
Ein Geschenk für Peter	188
Der schlaue Fuchs und die kleine rote Henne	190

TEDDY-GESCHICHTEN

Zehn kleine Teddybärchen

Zehn kleine Teddybärchen,
die sind ganz allein.
Eins jagt einen Schmetterling,
da sind es nur noch neun.

Neun kleine Teddybärchen
halten tapfer Wacht.
Eines fällt dabei vom Zaun,
da sind es nur noch acht.

Acht kleine Teddybärchen
wollen schwimmen üben.
Eins verliert sein Gummitier,
da sind es nur noch sieben.

Sieben kleine Teddybärchen
bauen 'nen Komplex.
Eines wirft die Klötzchen um,
da sind es nur noch sechs.

Sechs kleine Teddybärchen
haben keine Strümpf',
Einem sticht 'ne Bien' ins Bein,
da sind es nur noch fünf.

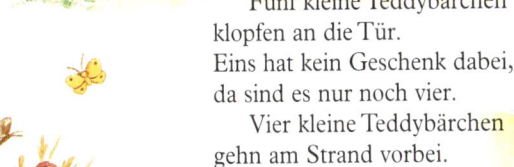

Fünf kleine Teddybärchen
klopfen an die Tür.
Eins hat kein Geschenk dabei,
da sind es nur noch vier.

Vier kleine Teddybärchen
gehn am Strand vorbei.
Eines trifft den Riesenkrebs,
da sind es nur noch drei.

Drei kleine Teddybärchen
essen allerlei.
Einem wird es schlecht dabei,
da sind es nur noch zwei.

Zwei kleine Teddybärchen
fahren gern nach Mainz.
Eines kommt vom Wege ab,
und jetzt gibt's nur noch eins.

Ein kleines Teddybärchen
will die Freunde sehn.
Alle eilen schnell herbei,
und nun sind's wieder zehn.

Goldlöckchen und die drei Bären

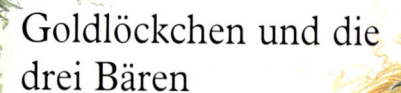

Es war einmal ein sehr ungezogenes kleines Mädchen, das Goldlöckchen hieß. Eines Tages sollte sie der Mutter in der Küche helfen. Goldlöckchen aber tat so, als hörte sie nichts, und ging heimlich in den Wald, um einen Spaziergang zu machen. An diesem Tag nahm sie einen neuen Weg, und bald schon kam sie zu einer gemütlichen kleinen Hütte. Die Tür stand einen Spalt offen, und weil sie neugierig war, trat sie einfach ein. Sie kam in die Küche und entdeckte auf dem Tisch drei Schüsselchen mit Brei.

Zuerst kostete sie aus der größten Schüssel. „Uh", sagte sie, „das ist viel zu heiß!", und spuckte den Brei einfach wieder aus. Dann versuchte sie es mit der mittelgroßen Schüssel. „Uh", schrie sie, „das ist viel zu kalt!" Schließlich kostete Goldlöckchen aus der kleinsten Schüssel. Da sagte sie nichts mehr, denn sie war zu beschäftigt damit, alles aufzuessen. Der Brei war nämlich genau richtig.

Als sie fertig war, wollte sie sich ein bisschen hinsetzen. Im Wohnzimmer waren drei Stühle. Der größte war ihr viel zu hart, der mittelgroße zu weich, aber auf dem kleinsten Stuhl fühlte sie sich rundum wohl. Doch dann knackste es und krachte es, und mit einem kräftigen Plumps landete Goldlöckchen unsanft auf dem Boden. Der kleine Stuhl war einfach zusammengebrochen.

„Jetzt muss ich mich aber ausruhen", murmelte Goldlöckchen und stieg die Treppe hoch ins Schlafzimmer. Dort standen drei gemütliche Betten. Zuerst stieg sie ins größte Bett. „Dieses Bett taugt nichts!", rief sie. „Es ist zu hart." Das mittlere Bett war ihr zu weich, aber das kleinste war einfach perfekt, schon war sie tief eingeschlafen.

Die drei Bären aber, denen die Hütte gehörte, hatten nur einen kleinen Spaziergang gemacht. Als sie in die Küche kamen, sahen sie gleich, dass hier etwas nicht stimmte. „Wer hat meinen Brei gegessen?", brummte Vater Bär mit tiefer Stimme. „Wer hat meinen Brei gegessen?", fragte Mutter Bär ärgerlich. „Und wer hat meinen Brei gegessen?", quiekte Baby Bär. „Es ist nichts mehr da!" Verärgert gingen die drei Bären ins Wohnzimmer und bemerkten, dass auch hier jemand sein Unwesen getrieben hatte.

„Kommt mit!", befahl Vater Bär entschlossen und schlich die Treppe hinauf. „Wie ich es mir gedacht habe", sagte er, „jemand ist auf meinem Bett herumgesprungen!" „Auf meinem Bett auch", sagte Mutter Bär. „Und in meinem Bett schläft jemand!", quiekte Baby Bär.

In diesem Augenblick wachte Goldlöckchen auf. Sie sah, dass drei sehr ärgerliche Bärengesichter auf sie herabblickten, und sprang aus dem Bett. Schwuppdiwupp war sie die Treppe hinunter und zur Tür hinaus, noch bevor jemand „Wer ist denn das?" fragen konnte.

Natürlich wagte sich Goldlöckchen nie wieder in die Nähe der Bärenhütte. Einige Leute sagen, dass sie danach ein braves kleines Mädchen geworden sei, aber ich bin da nicht so sicher.

Der Teddy, der keine Kleider hatte

Teddy Taler brummte zufrieden vor sich hin. Das kleine Mädchen, das ihn so fest in den Armen hielt, war anscheinend eine gute Lebensgefährtin: Klein Katja wollte ihn nicht mehr loslassen.

Doch am nächsten Tag musste Katja wieder in die Schule gehen und deshalb ihren Teddy zu Hause lassen. Zuerst freute er sich darauf, die anderen Spielsachen kennen zu lernen, doch kaum hatte Katja das Zimmer verlassen, fingen diese an zu kichern. „Ich kann kaum hinsehen", sagte die große Puppe, „es ist so ungehörig!" „Ich habe schließlich meine Farbe!", keuchte die Lokomotive und stieß einen schrillen Pfiff aus. „Er tut mir richtig Leid", sagte der Clown.

Teddy Taler hatte keine Ahnung, wovon die Spielsachen sprachen. Schließlich hielt er es nicht mehr aus: „Entschuldigt bitte", sagte er, „könnt ihr mir nicht sagen, was mit mir los ist?"

„Aber das musst du doch wissen", lachte die große Puppe, „du hast keine Kleider an! Wir können nicht mit dir spielen, wenn du nichts anhast."

Plötzlich fühlte sich Teddy Taler sehr unbehaglich. „Aber ich habe keine Kleider", sagte er. „Und ich weiß nicht einmal, was Teddybären wie ich normalerweise tragen."

Die Spielsachen wollten nicht unfreundlich sein, und so suchte jedes nach einem Kleidungsstück für den Teddy. Die große Puppe gab ihm ihr Partykleid. Teddy Taler zog das Kleid an, und es passte ihm sehr gut. Aber als er in den Spiegel sah, erkannte er sich selbst kaum wieder bei all den rosa Rüschen und Schleifen. „Um nichts in der Welt werde ich dieses Kleid tragen", sagte er mit Überzeugung.

„Ich habe einen zweiten Clownsanzug und eine nur leicht beschädigte rote Ersatznase", bot der Clown freundlich an. Teddy Taler zog den Anzug an und setzte die Nase auf, dann blickte er wieder in den Spiegel. „Das ist ja noch schlimmer!", schrie er entsetzt. „Ich sehe einfach lächerlich aus!"

„Dann gibt es nur noch eine Möglichkeit", paffte die Lokomotive. „Wir müssen dich anmalen!" Und sie fuhr davon, um Katjas Fingerfarben zu suchen.

Eine Stunde später saß ein äußerst unglücklicher, regenbogenfarbener Bär vor dem Spiegel.

Alle Spielsachen versicherten ihm, dass er sehr viel besser aussähe, aber er war davon nicht überzeugt.

Als Katja ihren Teddy Taler sah, brach sie in Tränen aus. „Was ist denn mit deinem wunderschönen goldenen Fell passiert?", schluchzte sie. Doch die Mutter tröstete Katja und meinte: „Ich glaube, jetzt braucht er ein Bad."

Katja bereitete dem Teddy ein schönes Schaumbad und wusch ihn gründlich. Dann hing die Mutter ihn zum Trocknen auf die Wäscheleine. Da traf Teddy Taler zwei wichtige Entscheidungen. „Erstens", sagte er zu sich selbst, „ist es sehr unwürdig für einen Teddybären, an den Ohren an einer Wäscheleine zu hängen. Das darf nie wieder passieren. Und zweitens: Ich werde mein schönes goldenes Fell nie wieder unter albernen Kleidern verstecken."

Der Große Böse Bär

„Ihr könnt überall im Wald spielen, wo ihr wollt", sagte Frau Bär zu ihren Zwillingen, „aber was immer ihr tut, stört auf gar keinen Fall den Großen Bösen Bären!"

Und so gingen Lili und Knöpfchen in den Wald. Zuerst fürchteten sie sich noch ein bisschen und schlichen auf Zehenspitzen um die Bäume herum. Grollte und brummte es da in der Ferne? Schnarchte und schnaufte es da in der Nähe?

„Wie ist denn ein großer böser Bär?", fragte Knöpfchen seine Schwester flüsternd. „Nun, er ist groß …, er ist böse …, und er ist … eine Art

Bär", antwortete Lili zögernd. „Und ich glaube, ich sehe ihn dort drüben! Nichts wie weg!" Schnell rannten die kleinen Bären davon. Doch als ihnen niemand folgte, dachten sie, dass sie vielleicht nur einen bärenförmigen Busch gesehen hatten.

„Wie sieht denn ein großer böser Bär aus?", fragte Knöpfchen und schaute sich nervös um. „Er ist sehr, sehr groß, und er hat riesengroße Zähne und furchtbar lange Klauen", sagte Lili. „Und ich glaube, ich sehe ihn hinter dem Baum dort!" Und schon wieder rannten die Bärchen eiligst davon. Doch als sie merkten, dass ihnen niemand folgte, dachten sie, dass sie vielleicht nur ein Vogelnest im Geäst gesehen hatten.

Lili und Knöpfchen wollten Verstecken spielen. Doch dabei wäre jeder allein gewesen. Dann wollten sie Lieder singen. Doch Du-weißt-schon-wer hätte sie hören können.

Plötzlich kam Knöpfchen ein sehr beunruhigender Gedanke. „Lili", sagte er, „das gefällt mir überhaupt nicht. Es ist viel zu still hier." Lili lauschte. Kein Vogel sang. Sie hörte auch sonst keinen Laut. „Mir gefällt das auch nicht!", sagte sie, „und ich glaube, ich sehe dort etwas kommen!" Und schon wieder rannten die beiden Bärchen, bis sie kaum mehr sehen konnten, wohin sie liefen. Da, hoppla, purzelten sie über etwas, was auf dem Boden lag, und sie landeten in einem Laubhaufen unter einem Baum. Vorsichtig spähte Lili durch ihre Pfoten und schrie: „Ahhhhh!" Und der Große Böse

Bär schaute die beiden
an und brüllte:
„Uhhhh!" Dann
betrachteten sie sich alle
überrascht. „Du bist ja gar
nicht so groß, und du
siehst auch nicht gerade
böse aus", sagte Lili.
„Genau!", betonte der
kleine Bär etwas ver-
schnupft, „das ist doch
nur mein Name!" „Dann
ist es aber ein doofer Name",
meinte Lili. „Ein Name sollte zu dem
Bären passen, zu dem er gehört!" Da lächelte
der Große Böse Bär freundlich und sagte:
„Da hast du Recht. Lass uns doch zusammen
spielen. Aber zuerst solltet ihr mir eure Namen
sagen …"

Die große Baumbesteigung

Es gibt etwas ganz Wichtiges, an das man immer denken sollte, bevor man auf einen Baum klettert: Man muss auch wieder runterklettern können. Schade, dass Teddy Tausendsassa diese Regel nicht beachtete, bevor er sich eines schönen Morgens aufmachte, um den höchsten Baum im ganzen Garten zu besteigen.

„Ich denke manchmal!", überlegte der Bär, als er sich auf den untersten Ast schwang, „dass die Leute annehmen, Teddybären seien nicht besonders abenteuerlustig. Es wird höchste Zeit, dass ein tapferer, starker Bär wie ich ihnen zeigt, wie falsch sie damit liegen!"

Währenddessen kletterte Teddy Tausendsassa ein Stückchen höher. Es war schwieriger, als er gedacht hatte, während er den Baum vom Schlafzimmerfenster aus betrachtete. Die Äste waren einfach nicht an der richtigen Stelle. „Dieser Baum ist wirklich schlecht konstruiert", dachte der Bär, als er sich höher kämpfte, „zumindest aus der Sicht eines Kletterers!"

Teddy Tausendsassa kletterte langsam, aber stetig. „Jetzt habe ich allmählich meinen Rhythmus gefunden", dachte er. „Klettern ist wirklich nicht so schwer. Die Äste sind hier auch näher beieinander."

Plötzlich bemerkte der Bär, dass der Wind stärker wehte und der Baum sich sanft von einer Seite zur anderen neigte. „Oh", seufzte Teddy Tausendsassa und hielt sich krampfhaft fest, „mir ist ein bisschen schwindelig." Er schloss die

Augen, aber damit fühlte er sich nur noch schlechter. „Selbst ein tapferer, starker Bär kann einmal krank werden", dachte er. „Es wäre nicht klug, weiterzuklettern. Ich steige jetzt vorsichtig hinunter und starte morgen einen weiteren Versuch."

Das war der Moment, als Teddy Tausendsassas Probleme erst richtig losgingen. Er entdeckte, dass es furchtbar schwirig ist, hinabzusteigen, ohne gleichzeitig hinabzublicken. Und die Äste schienen jetzt noch viel weiter voneinander entfernt als vorher. Er schaffte es ein paar Äste nach unten, doch dann war er fix und fertig. Lange saß er unbeweglich da. Ein kaltes, ängstliches Gefühl breitete sich in seinem Bauch aus. „Niemand weiß, wo ich bin", dachte er. „Ich kann hier tagelang unentdeckt bleiben!"

Tausendsassa hatte aber bis jetzt noch nicht

bemerkt, dass der Ast, auf dem er sich
befand, bis zur Scheibe des Schlafzimmer-
fensters reichte, hinter dem er oft
saß. Erst als es zu dämmern begann und
im Zimmer jemand Licht anmachte, erkannte
der Bär, dass hier ein Ausweg war. Langsam
stieg er den Ast hinunter. Teddy Tausendsassa
merkte, dass es sicherer war, auf dem Bauch zu
kriechen, und je näher er dem Fenster kam,
desto tapferer fühlte er sich.

Das Fenster war geschlossen. Teddy Tausendsassa seufzte. Aber abenteuerlustige Bären
geben nicht so leicht auf. Er brach einen Zweig
ab und klopfte damit ans Fenster.

Da, da, da da-da-da, da, da, da, da-da-da,
klopfte er. Schnell sprang der kleine Junge ans
Fenster und rettete seinen tapferen Teddybären.

„Natürlich könnte ich jetzt nochmals auf
den Baum klettern und das Abenteuer
beenden", dachte Teddy Tausendsassa am
nächsten Morgen, als er gemütlich auf dem
Fensterbrett saß. „Aber wenn man etwas zu oft
tut, wird es leicht langweilig …"

Der verloren gegangene Bär

Es war einmal ein kleiner Teddybär, der immer wieder verloren ging. Zum ersten Mal war es im Spielzeugladen. Irgendwie fiel er plötzlich hinter das Regal, und als man ihn endlich wiederfand, setzte ihn die Verkäuferin in eine dunkle Ecke, wo kaum einmal jemand hinkam.

Eines Tages suchte ein Mann auf Geschäftsreise ein Mitbringsel für seine kleine Tochter. Es sollte etwas Kleines, Leichtes sein, denn er war mit dem Flugzeug unterwegs. Er entdeckte den Bären, der still in seiner Ecke saß. „Genau den brauche ich", rief der Mann erfreut, „Elise wünscht sich schon ewig einen kleinen Bären!" Er steckte den Teddy in die Manteltasche und

fuhr mit dem Taxi zum Flughafen. Doch das
Taxi geriet in einen Stau, und der Mann kam
erst kurz vor dem Abflug an. Er rannte durch die
Gänge und erreichte das Flugzeug gerade noch.
Als er allerdings nach dem Teddy greifen wollte,

merkte er, dass er ihn verloren hatte.

Der kleine Bär lag dort, wo er aus der
Manteltasche gefallen war. Erst am Abend, als
die Putzleute kamen, wurde er gefunden. Eine
freundliche Frau in einem blauen Overall hob
den Bären auf und steckte ihn in die
Tasche. Als die Frau spätabends nach
Hause kam, zog sie als Erstes den
Overall aus und stopfte ihn in die
Waschmaschine.

Als die Wäsche aus der
Maschine genommen wurde,
war der kleine Bär sauberer

als je zuvor. Die Frau bemerkte ihn nicht und stellte den Wäschekorb in eine Ecke. Ihr Mann trug den Korb am nächsten Morgen in den Garten. Doch kaum hatte er angefangen, die Wäsche aufzuhängen, klingelte das Telefon und er eilte zurück ins Haus. Sobald er außer Sicht war, schnüffelte ein ungezogenes Hündchen im Wäschekorb herum und trug den Teddy in seinem Maul davon.

Nun tun junge Hunde nichts lieber, als Löcher zu buddeln und Sachen darin zu verscharren. Dieser Hund war keine Ausnahme, und er fing gerade damit an, ein großes Loch für den kleinen Bären zu graben, als sein Besitzer nach ihm rief. Er rannte weg, und einen Augenblick später schoss eine große Möwe heran, pickte den Bären auf und flog mit ihm bis weit aufs Meer hinaus. Dort öffnete sie den Schnabel, und dabei fiel der Teddy aufs Meer zu. Doch zum Glück landete er auf dem Deck eines großen Frachtschiffes.

„Sieh an, was da vom Himmel fällt", sagte der Kapitän. „Dieser kleine Bär kommt mit!" Als das Schiff im Heimathafen einlief, fuhr der Kapitän zu seiner Schwester. Sobald er die Gartentür öffnete, lief ihm ein kleines Mädchen entgegen. „Onkel Georg!", rief es. „Hast du mir was mitgebracht? Papa hat mein Mitbringsel vergessen, als er das letzte Mal auf Geschäftsreise war."

Der Kapitän lachte und holte den Bären hervor: „Wenn dieser kleine Kerl sprechen könnte, würde er sicher eine abenteuerliche Geschichte erzählen!"

Der Bär im Bad

„Hallo!", rief Björn eines Abends, „im Bad ist ein Bär!" „Björn", sagte seine Mama, „ich habe genug mit dem Baby zu tun und keine Zeit für deine dummen Sprüche!"

Der Bär lächelte Björn. „Was machst du eigentlich in unserem Bad?" „Das ist ein sehr gemütliches Bad", sagte der Bär mit tiefer, brummender Stimme. „Ich bin ein richtiger Badezimmerfan!" „Aber wie bist du hierher gekommen?", fragte Björn. Der Bär antwortete nicht, aber er blickte etwas schuldbewusst zum Fenster hin, und Björn entdeckte ein paar ziemlich große Pfotenabdrücke auf dem Fensterbrett. Nachdenklich sagte der Junge: „Du kannst hier nicht bleiben, sonst sieht dich nachher jemand. Komm lieber mit in mein Zimmer."

„Das ist furchtbar nett von dir", antwortete der Bär. „Du hast nicht zufällig vielleicht einen kleinen … äh … Imbiss dort?" Björn nahm den

Bären mit in sein Zimmer und gab ihm eine halb volle Tüte mit Kartoffelchips.

„Wie lange möchtest du bleiben?", fragte er den Bären so höflich wie möglich. „Nur so lange, wie es dir passt", antwortete der Bär. „Ich habe das Gefühl, du könntest zurzeit etwas Gesellschaft brauchen." Björn seufzte. Das war wahr. Björn wollte nichts mit dem Baby zu tun haben. Den ganzen Tag lang sabberte es, oder es schrie.

„Ich bin sehr froh, dass du gekommen bist", sagte Björn. „Aber du musst sehr vorsichtig sein, damit dich keiner bemerkt." „Ich werde mich im Hintergrund halten", versprach der Bär.

Am nächsten Morgen traute sich Björn kaum, die Augen zu öffnen. Was wäre, wenn er alles nur geträumt hätte und gar kein Bär da wäre? Aber als er schließlich doch die Augen aufmachte, lächelte ihn der Bär freundlich an. „Was wollen wir heute unternehmen?", fragte er.

Bald waren Björn und der Bär dicke Freunde geworden. Sie spielten den ganzen Tag zusammen.

„Es ist nicht gut für dich, wenn du den ganzen Tag allein bist, Björn", sagte sie. „Warum kommst du nicht und spielst mit deinem Schwesterchen? Es kann schon krabbeln!" Aber Björn konnte es überhaupt nicht leiden, wenn er zusehen musste, wie die kleine Katja die ganze Zeit geknuddelt wurde.

Eines Tages ging Björn nach unten, um ein paar Äpfel für den Bären zu holen, und erlebte eine große Überraschung. Im Wohnzimmer stand seine kleine Schwester auf wackligen Beinen und hielt sich an einem Sessel fest. Sie schaute ihn an, lachte über das ganze Gesichtchen und sagte: „Bönn!"

Björn betrachtete sie. Dieses kleine Mädchen war gar nicht so übel, und plötzlich gefiel ihm der

Gedanke, ein großer Bruder zu sein. Björn vergaß das Bärenfutter und den Bären und spielte mit Katja bis zum Abendessen. Danach half er seiner Mama, Katja ins Bett zu bringen. „Vielen Dank für deine große Hilfe heute", sagte sie und umarmte ihn. „Wir haben dich sehr vermisst!"

Als Björn später ins Bett ging, dachte er kurz daran, dem Bären seine Erlebnisse mit Katja zu erzählen. Doch dann war er nicht sehr überrascht, als er den Bären nirgendwo finden konnte. Nur auf dem Fensterbrett waren die Spuren von großen, schwarzen Bärenpfoten zu entdecken ...

Der schreckliche Hut

„Bitte", flehte Bärchen, „bitte setz diesen Hut nicht auf!" In der Schule war Elternabend, und seine Mutter machte sich zum Ausgehen fertig. „Sei nicht albern, Bärchen", sagte sie, nahm den großen, orange und purpur gestreiften Hut und setzte ihn auf, „es ist ein sehr schöner Hut!" Bärchen schlug die Pfoten über dem Kopf zusammen. Er hatte den Eindruck, als täte seine Mutter ihr Bestes, um ihn bei jeder Gelegenheit zu blamieren. Keine andere Mutter würde einen orange und purpur gestreiften Hut tragen. Wahrscheinlich würde keine Mutter überhaupt einen Hut tragen!

Zögernd folgte Bärchen seiner Mutter zum Auto. Die wippenden Federn kitzelten ihn den ganzen Weg zur Schule an der

Nase. Als Frau Bär ausstieg, drehten sich alle nach ihr um. Bärchen wünschte, er wäre noch viel kleiner, als er sowieso schon war. Am liebsten wäre er im Boden versunken und hätte keinen seiner Freunde mehr getroffen. Aber seine Mutter ging schnurstracks auf die Schule zu, freundlich grüßend und winkend.

Bärchen tat das Einzige, was ihm übrig blieb: Er entfernte sich immer weiter von seiner Mutter, die mit einem Lehrer sprach, und dann versteckte er sich in der Garderobe. „Hoffentlich findet mich niemand", dachte er verzweifelt.

Inzwischen passierte im Chemieraum etwas, was seinen Wunsch beinahe wahr werden ließ. Der Alte Brummbär, der Chemie unterrichtete, führte einigen Eltern gerade ein Experiment vor, als irgendetwas schrecklich schief ging. Statt der netten kleinen Wolke aus grünem Rauch, die er produzieren wollte, erschien eine große rote Stichflamme, und gleich danach tanzten lauter kleine Flämmchen über den Tisch und den Boden.

„Feuer", schrie der Alte Brummbär. „Alle raus! Oje, oje! Bitte alle die Ruhe bewahren! Mir nach!" Bald wußte jeder, dass es brannte.

Nur Sekunden später standen alle sicher auf dem Schulhof. Nun, fast alle. „Wo ist Bärchen?", schrie Frau Bär. „Ich gehe noch mal rein!" „Stopp!", befahl der Lehrer, doch Frau Bär ließ sich nicht stoppen. Die Räume waren voller Rauch, aber Frau Bär entdeckte, dass es nahe am Fußboden noch genügend Luft zum Atmen gab. So kroch sie auf allen vieren voran und rief: „Bärchen, wo bist du?"

Bärchen hatte das Durcheinander mitbekommen und den Rauch gesehen, der auf ihn zugeweht war. Er kroch in der kleinen Garderobe noch weiter nach hinten und fürchtete sich mehr als jemals zuvor im Leben. Dann sah er, dass sich im Rauch etwas bewegte. Es war etwas, was orange glühte. Das Feuer kam! Doch als Bärchen genauer hinsah, bemerkte er, dass das orange Ding rund war und, ja, dass es purpurfarbene Streifen hatte. Noch nie war Bärchen glücklicher darüber gewesen, das Hutungeheuer zu sehen, als jetzt. Als Bärchen und seine Mutter auf den Schulhof hinaustraten, applaudierten alle. „Ende gut, alles gut", sagte Bärchens Lehrer, „außer für Ihren entzückenden Hut, Frau Bär!"

Das stimmte. Frau Bärs Hut war schwarz vom Rauch, und die Krempe hing traurig hinunter. „Sei nicht traurig", sagte Bärchen, „ich fange gleich an zu sparen, und dann kaufe ich dir einen noch viel größeren Hut, du wirst schon sehen!"

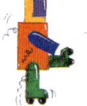

Der allerschönste Bär

„Ich bin der schönste Teddy der Welt", dachte Mopsibella. Ihr goldbrauner Pelz war weich, ihre Pfoten waren rosa und sauber, ihre Augen waren groß und leuchtend. Sie war sicher, dass das nächste kleine Mädchen, das den Laden betrat, sie kaufen würde. „Sie wird mich lieb haben und für mich sorgen", dachte Mopsibella, „und ich werde in einem Haus leben, das zu einem so schönen Bären, wie ich einer bin, passt." In diesem Augenblick kam tatsächlich ein kleines Mädchen in Begleitung ihrer Oma in den Laden. „Nun, Julia", sagte die Oma, „du darfst dir einen Teddy aussuchen."

„Ich mag eigentlich keine Bären", grollte Julia, „Teddys sind für Babys. Ich hätte viel lieber einen Roboter."

„Rede doch keinen solchen Unsinn", sagte die Oma, „Roboter kann man nicht knuddeln.

Wie wäre es mit diesem großen, schönen dort im Schaufenster?"

Mopsibella zappelte aufgeregt. Wie sie es erwartet hatte, wurde sie ausgewählt. Aber das kleine Mädchen stöhnte. „Das ist der am dümmsten aussehende Bär, den ich je gesehen habe", sagte sie. Mopsibella war so schockiert, dass sie fast umgefallen wäre. Scheußlich? Sie? Was für ein abscheuliches Kind!

Julia schaute sich einen kleinen Dinosaurier mit großen Zähnen an. „Ich möchte lieber den hier haben. Er erinnert mich an dich, Oma."

„Julia", unterbrach sie die Oma schnell, „ich habe mich entschieden. Ich weiß, du wirst diesen Bären lieben!"

„Und ich bin immer noch der schönste Bär der Welt", dachte Mopsibella, als sie mit dem Bus heimfuhren. „Julia wird das merken, sobald sie mich richtig anschaut."

Und tatsächlich, nachdem die Oma Julia heimgebracht hatte und zu ihrem Zug geeilt war, starrte das kleine Mädchen den Bären an. „Ich kann mir schon ein paar Möglichkeiten vorstellen, wobei du von Nutzen sein könntest", sagte sie mit einem merkwürdigen Tonfall.

Allzubald schon merkte Mopsibella, was Julia damit gemeint hatte. Sie hatte genau die richtige Größe für Julias Fallschirmexperimente. An einen Kopfkissenbezug gebunden, wurde sie aus jedem Fenster im Dachgeschoss des Hauses geworfen.

Dann begann Julia, sich stattdessen mit dem Garten zu beschäftigen. Sie verbrachte Stunden mit Umgraben und Würmer beobachten, dann säte sie ein paar Samen aus und band Mopsibella als Vogelscheuche an einen Pfosten in der Nähe.

In den folgenden Wochen wurde Mopsibella wie eine ägyptische Mumie eingewickelt, an einen Drachen gebunden, um festzustellen, ob sie fliegen könnte, und sie fiel in den Teich, als Julia nach Kaulquappen suchte.

Gerade als Mopsibella ernsthaft darüber nachdachte, auszureißen, musste Julia ins Krankenhaus, weil ihr die Mandeln entfernt werden sollten. Als sie so im Bett lag und ihre

Schmerzen allmählich nachließen, merkte Julia, dass sie Mopsibella vermisste. „Sie ist ein sehr dummer Bär", dachte sie, „aber ich brauche eine Assistentin für meine Experimente."

So kam Mopsibella ins Krankenhaus und kuschelte sich in Julias Bett. „Jetzt hat sie doch noch erkannt, wie schön ich bin", dachte Mopsibella. „Nun wird sie mich so behandeln, wie ich es verdiene. Wie auch immer, schlimmer als bisher kann es nicht kommen!"

Zum Glück konnte Mopsibella nicht hören, was Julia dachte. „Ich werde für dich sorgen und darauf achten, dass du niemals krank wirst, Mopsi", versprach sie im Stillen, „denn eines Tages werde ich eine berühmte Ärztin sein. Nun überlege ich mir, an wem ich meine Operationstechnik üben soll …"

Der Umzug

Da, da, da, di, dum, dum. „Ich habe nie einen schlimmeren Lärm gehört", brummte Herr Bär und zog sich die Bettdecke über die Ohren. Der Bär im Nachbarhaus übte mal wieder Schlagzeug. „Es gibt nur eine Lösung: Ich muss hier wegziehen!"

Am nächsten Morgen verließ Herr Bär in aller Frühe das Haus, um ein Besseres zu suchen. Schon das Erste, das er besichtigte, schien perfekt zu sein. Gerade als Herr Bär „Ich nehme es" sagen wollte, begann das Haus merkwürdig zu zittern und zu rütteln.

Der Makler, der Herrn Bär herumführte, hockte sich hin und sagte: „Ich weiß nicht, ob es schon erwähnt wurde … dieser Besitz liegt ziemlich … eh … nahe an einer Eisenbahnstrecke …"

„Etwas zu nahe für meinen Geschmack", antwortete Herr Bär.

Das nächste Haus schien viel besser zu sein. Es stand auf einem Hügel, und Herr Bär konnte nirgendwo eine Bahnstrecke entdecken. Herr Bär öffnete sein Maul, um zu sagen, dass er hier gern einziehen wollte, doch seine Worte wurden übertönt durch ein Kreischen, Dröhnen und Röhren über ihm.

„Entschuldigung", sagte der Makler, „ich habe Sie nicht verstanden. Die Übungen, die die Tiefflieger über diesen Hügeln immer veranstalten, sind ein bisschen laut.

„Das ist nichts für mich", sagte Herr Bär mit fester Stimme. Können Sie mir nichts zeigen, was weit weg von Zügen, Flugzeugen und jedem anderen Lärm ist?"

„Gut", sagte der Makler, „ich glaube, ich habe genau das Richtige für Sie."

Eine halbe Stunde später saß Herr Bär in einem kleinen Boot und wurde zu einem Leuchtturm gerudert. Kein Haus, kein Auto, kein anderer Bär war in Sicht. Nur eine winzige Kleinigkeit beunruhigte ihn. „Es gefällt mir sehr gut", sagte er, „aber sagen Sie, was ist das für ein Geräusch?"

„Geräusch? Welches Geräusch?", fragte der Makler. „Ich kann

überhaupt nichts hören, außer dem Rauschen des Meeres natürlich."

„Ah", sagte Herr Bär, „das Meer." Er dankte dem Makler für seine Bemühungen und ging nach Hause. Sobald er es sich gemütlich gemacht hatte, begann nebenan das Getrommmel wieder. Herr Bär blickte für einen Augenblick von seinem Buch auf und lächelte. „Ich glaube, er macht Fortschritte", dachte er.

Onkel Bobos aufregendes Leben

So, du willst also Pilot werden, mein Junge?", fragte Onkel Bobo seinen Neffen, Heini Bär. „Ach, wie gut erinnere ich mich an meine ersten Tage im Cockpit meiner S29. Ich werde nie vergessen, wie ich eines schönen Samstagnachmittags einen Looping über dem Haus deiner Großmutter drehte. Dabei flog ich so tief, dass ich mit dem Schwanz des Flugzeugs die Wäsche von der Leine mitnahm!"

„Donnerwetter!", sagte Heini. Vielleicht sollte er lieber kein Pilot werden. Es wäre nicht einfach, Onkel Bobos Abenteuer zu übertreffen. Viel besser wäre es, etwas zu tun, was noch keiner in der Familie jemals getan hatte. „Ich will Koch werden, wenn ich groß bin!", kündigte er an.

„Ach, ein Koch", sagte Onkel Bobo, als er wieder zu Besuch kam. „Habe ich dir jemals von der Zeit erzählt, als ich der Leibkoch des Prinzen Bruinski war? Eines Tages stürzte der König von Ursania kopfüber in einen meiner Riesenkuchen. Wir mussten drei Tage lang suchen, bis wir ihn gefunden hatten!"

„Du liebe Zeit!", sagte Heini. Koch zu werden, das war doch keine so gute Idee.

Heini beobachtete eine Ameise, die auf dem Rasen umherkrabbelte, und stand auf, um im Wörterbuch nachzuschlagen. „Ich werde ein En-to-mo-loge!", erklärte er seiner Familie. „Das ist ein Insektenforscher!"

Ein paar Tage später bekam er eine Postkarte von Onkel Bobo. Auf der Vorderseite war ein Foto eines tropischen Regenwalds.

„Lieber Heini", stand da, „nur ein kleiner Gruß von meiner entomologischen Forschungsreise in Brasilien. Heute habe ich drei Unterarten der Riesenameise entdeckt, die den Bären zuvor unbekannt waren. Herzliche Grüße, dein Onkel Bobo."

Heini seufzte. Es musste doch etwas geben, wofür Onkel Bobo kein Experte war. Als Onkel Bobo zu seiner Geburtstagsparty kam, hatte er sich entschieden.

„Wenn ich erwachsen bin", kündigte er an, „werde ich der berühmteste Heini der Welt."

Onkel Bobo allerdings zögerte keinen Augenblick. „Du liebe Zeit, junger Heini", sagte er, „wie du mir die Vergangenheit wachrufst! Jetzt scheint es mir gerade gestern gewesen zu sein, dass ich meinen Namen in Bobo geändert habe. Ich war so berühmt, dass ich mich nicht auf die Straße wagen konnte, ohne von meinen Fans belästigt zu werden. Und nun willst du auch noch in meine Fußstapfen treten!

Heini wollte am liebsten unter den Tisch kriechen und verschwinden. Seine Augen waren voller Tränen. Aber da hörte er ein Kichern. „Zieh doch diesen kleinen Bären nicht so auf, Bobo", sagte Tante Hilda. „Du hast in deinem ganzen Leben nur einen einzigen Beruf ausgeübt! Erzähl Heini, was du machst."

„Es tut mir Leid, Heini", sagte Onkel Bobo. „Errätst du es nicht? Ich bin Schriftsteller. Ich schreibe Geschichten für Kinder, wie du eines bist. Und die können von allem handeln, was du dir nur vorstellen kannst, auch von mir selber."

Überall Bären

Kein Junge auf der ganzen Welt war leichter zufrieden zu stellen als Josef. Er liebte alles, solange es etwas mit Bären zu tun hatte. Er hatte Bären auf seinen Hausschuhen und auf seinen Socken. Die Vorhänge seines Zimmers waren mit Abdrücken von Bärenpfoten bedruckt. Er hatte ein ganzes Regal voller Bücher mit Bärengeschichten, und auf seinem Bett saß Rufus, sein ganz spezieller Lieblingsteddy.

Josef liebte Rufus über alles. Er teilte mit dem alten Bären alle seine Geheimnisse und alle seine Sorgen. Und Rufus schien alles zu verstehen.

Eines Tages bekam Josef von seiner Kusine Sonja eine Einladung. „Du kannst Josef beim Packen helfen, Kathi", sagte die Mutter zu Josefs Schwester. „Du weißt ganz genau, dass du auch eingeladen worden wärst, wenn du nicht Sauce in Tante Susannes Handtasche gegossen hättest!"

Kathi brummelte die ganze Zeit vor sich hin, als sie dabei half, Josefs Koffer zu packen. „Josef, was machst du denn da?"

„Ich packe Rufus ein", antwortete er. „Er reist zwar nicht besonders gern im Koffer, aber ich habe Angst, er könnte sonst im Zug verloren gehen."

„Aber du kannst doch Rufus nicht mitnehmen!", lachte Kathi. „Alle würden denken, du wärst noch ein Baby. Baby Josef, das seinen Teddybären braucht." Josef setzte Rufus zurück aufs Bett und ging hinaus. In seinem Bauch fühlte er einen kalten Klumpen.

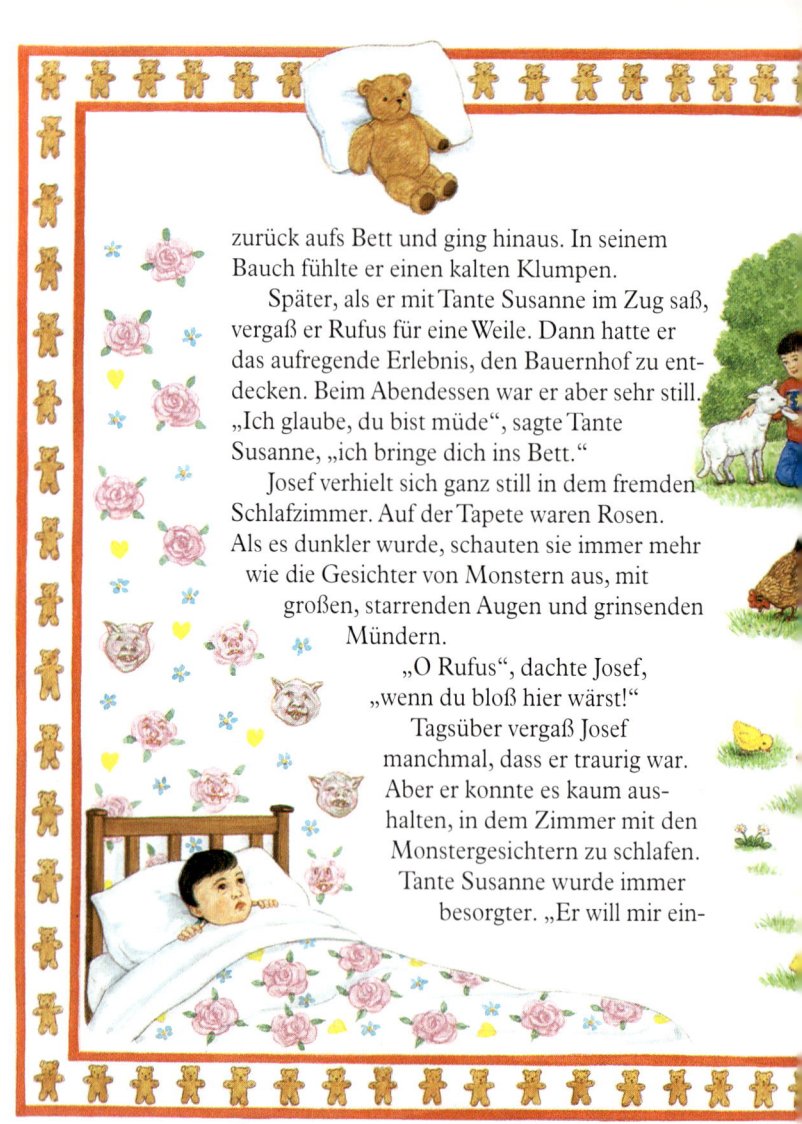

Später, als er mit Tante Susanne im Zug saß, vergaß er Rufus für eine Weile. Dann hatte er das aufregende Erlebnis, den Bauernhof zu entdecken. Beim Abendessen war er aber sehr still. „Ich glaube, du bist müde", sagte Tante Susanne, „ich bringe dich ins Bett."

Josef verhielt sich ganz still in dem fremden Schlafzimmer. Auf der Tapete waren Rosen. Als es dunkler wurde, schauten sie immer mehr wie die Gesichter von Monstern aus, mit großen, starrenden Augen und grinsenden Mündern.

„O Rufus", dachte Josef, „wenn du bloß hier wärst!"

Tagsüber vergaß Josef manchmal, dass er traurig war. Aber er konnte es kaum aushalten, in dem Zimmer mit den Monstergesichtern zu schlafen. Tante Susanne wurde immer besorgter. „Er will mir einfach nicht sagen, was er hat", sagte sie zu ihrem Mann. „Vielleicht könntest du mal mit ihm reden."

Onkel Richard setzte sich zu Josef aufs Bett. „Weißt du, als ich bei meiner Oma war, hatte ich nie Heimweh, weil ich immer Herrn Brummel, meinen Teddy, bei mir hatte."

Da erzählte Josef Onkel Richard alles über Rufus und wie sehr er ihn vermisste. Onkel Richard lächelte. „Ich verstehe, mein Lieber", sagte er. „Leider kann ich dir Rufus nicht beschaffen, aber ich glaube, dass ich Herrn Brummel ein paar Nächte lang entbehren kann."

Josef bekam große Augen. „Aber du bist doch älter als fünf!", sagte er. „Ein bisschen", lächelte Onkel Richard. „Weißt du, Josef, ich sage dir das jetzt ganz im Vertrauen: Leute, die das mit den Bären nicht verstehen, tun mir richtig Leid, dir nicht auch?"

Opa Bär geht angeln

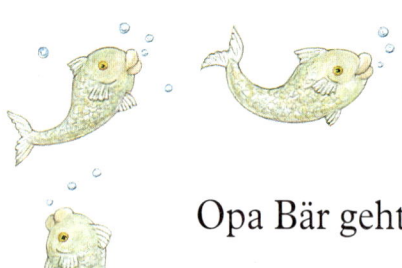

„Heute Abend bin ich wieder daheim, Liebling", sagte Opa Bär zu Oma Bär. „Ich werde einen Angeltag unten am Fluss verbringen."

„Warum du in deinem Alter noch an zugigen Flussufern herumsitzen willst, werde ich nie verstehen", brummelte Oma Bär.

„Ich werde meinen wärmsten Mantel anziehen, Liebling", murmelte Opa Bär und eilte zur Tür hinaus. Er freute sich auf einen langen, friedlichen Tag am Fluss, wo er von dem riesengroßen Fisch träumen konnte, der eines schönen Tages anbeißen würde.

Bald fand er ein gemütliches Plätzchen, wo ihn vorüberkommende Bären nicht sehen und mit ihrem Geschwätz stören konnten. „Das ist meine Vorstellung von einem idealen Tag", dachte Opa Bär, „nichts als Ruhe und Frieden."

Doch nur fünf Minuten später hüstelte jemand direkt hinter ihm. „Ich bin's bloß", sagte der kleine Bruno Bär, der ein paar Häuser weiter wohnte. „Frau Bär machte sich Sorgen, Ihre Ohren könnten kalt werden. Deshalb bat sie mich, Ihnen Ihre Mütze zu bringen."

Opa Bär konnte dem jungen Bruno nicht böse sein. „Vielen Dank", sagte er.

Er setzte sich wieder. Er fühlte sich gut und warm mit seiner Pudelmütze. Doch schon wieder wurde er gestört. Es war sein Freund von nebenan. „Deine Frau bat mich, dir deinen Schal zu bringen", erklärte der Freund. „Es ist ziemlich eisig heute." „In Ordnung", sagte Opa Bär etwas gereizt. „Ich kann ihn selber umlegen. Vielen Dank."

Der Freund von nebenan ging seiner Wege. Opa Bär atmete die gute Landluft tief ein. „Das nenne ich Leben!", dachte er. Doch plötzlich störte ein schrecklicher Lärm den Frieden des Ufers.

Es war Opa Bärs Neffe auf seinem Motorrad. „Was machst du hier?", schrie Opa Bär ärgerlich. „Tut mir Leid", sagte der Neffe. „Aber Tantchen war sicher, dass du um diese Zeit gern einen warmen Imbiss hättest."

Opa Bär seufzte. Er konnte den Toast in der Dose schon riechen, die der Neffe jetzt hervorholte. Und wenn er es sich genau überlegte, fühlte er sich schon ein bisschen leer hinter dem dritten Knopf seiner Weste. „Vielen Dank", sagte er. „Aber jetzt entfernst du sofort diese Maschine von hier."

Als er gegessen hatte, fühlte er sich satt, warm und glücklich. Er setzte sich bequem hin, um ein kleines Nickerchen zu machen.

Es schienen nur Sekunden vergangen zu sein, als er eine Pfote auf seiner Schulter spürte. „Herr Bär, ist alles in Ordnung?" Es war Marie, die in der Post arbeitete. „Mir geht's gut", antwortete Opa Bär, „aber was tun Sie hier, Marie?"

„Oh, Frau Bär weiß, dass ich in der Mittagspause immer einen Spaziergang am Fluss mache, und sie bat mich, Ihnen diese Thermoskanne mit Kaffee zu bringen." „Danke", sagte Opa Bär mit schwacher Stimme, „das ist sehr nett von Ihnen."

Opa Bär schenkte sich einen Becher Kaffee ein. Er war genauso, wie er ihn am liebsten mochte. Doch nun war er müde und beschloss, heimzugehen.

„Ich bin wieder da, Liebling", rief der alte Bär, als er in den Flur trat. Oma Bär eilte zu ihm. „Hast du einen guten Tag gehabt? Hast du irgendetwas gefangen?" „Nein, Liebes", lächelte Opa Bär, „nicht einmal eine Erkältung!"

Harald Hubertus Bär

Harald Hubertus Bär, seine Freunde nannten ihn HH, war kein gewöhnlicher Bär. Seine Urgroßmutter war eine Prinzessin aus der königlichen russischen Bärenlinie. Seine Mutter kam aus einem alten Bärengeschlecht, das Umgang mit Grafen und Herzögen gepflegt hatte. Er war also ein Bär mit besten Beziehungen.

HH war auch ein freundlicher Bär, und viele andere Bären

mochten ihn sehr, aber er gab gern ein wenig an.

Tatsächlich geschah nur sehr wenig in Bärenhafen, zu dem Harald Hubertus nicht seinen Senf dazugab.

„Die anderen Bären wissen, dass man den Rat eines Bären braucht, der schon etwas von der Welt gesehen hat und die richtigen Leute kennt, wenn es um wichtige Angelegenheiten geht, sagte er oft."

„Es ist höchste Zeit, dass dieser Bär wieder auf den Boden der Tatsachen zurückkehrt", meinte Herr Blum, der Bäcker. „Hast du eine Idee, Peter?" Peter, sein Neffe, blickte nachdenklich vor sich hin.

Einige Wochen später war ganz Bärenhafen in Aufruhr. Prinzessin Ursula Bärelli hatte sich bei HH zu Besuch angesagt. „Ist sie mit Ihnen verwandt?", fragte Herr Blum, als HH ihn aufsuchte, um besondere Torten in Auftrag zu geben. „Hm ..., nun ..., ich glaube ... äh, wir sind eine große Familie. Sie ist eine ... ziemlich entfernte Kusine, denke ich ..."

Harald Hubertus arbeitete Tag und Nacht, um den Besuch zu einem Erfolg zu machen. Er ließ einige Zimmer in Schloss Hummelheim renovieren. Er stellte sechs zusätzliche Gärtner ein, die den Rasen trimmen sollten, und wählte nur die besten und teuersten Gerichte aus.

Als der große Tag ausbrach, war HH total erschöpft. Zur angekündigten Ankunftszeit hielt ein wirklich winziges Auto vor dem Portal. Harald Hubertus war verblüfft. Doch die Bärin, die ausstieg, war zweifellos eine Prinzessin. Sie trug eine kleine Krone und etwas mehr Schmuck, als HH zu dieser Tageszeit für schicklich erachtete. Nichtsdestotrotz ging er auf sie zu, verbeugte sich tief und küsste ihr galant die Pfote. „Liebste Prinzessin", murmelte HH, ist Ihr Auto kaputtgegangen?" Die Prinzessin bog sich vor Lachen: „Du guter, altmodischer Bär", quietschte sie, „keiner, der heutzutage etwas auf sich hält, fährt noch ein großes Auto. Denk doch an die Umwelt, Humpelbus!" „Recht so, recht so", sagte ihr Gastgeber, „übrigens, ich heiße Harald Hubertus."

Die Prinzessin ließ sich ins Esszimmer führen, wo sich die Tische unter der Last der Köstlichkeiten bogen. Ursula Bärelli erlaubte sich einen etwas längeren Blick auf ein besonders leckeres Dessert, bevor sie sagte: „Lieber Horribilus, es tut mir Leid, aber ich esse nichts anderes als eine Scheibe Toast mit etwas Käse. Warum verteilst du diese wunderbaren Schlemmereien nicht an die Leute in der Stadt?" „Was für eine charmante Idee", entgegnete HH und schluckte, „ich bitte die Dienstboten, sofort alles wegzubringen. Und ... äh ... ich heiße Harald Hubertus." „Ich entschuldige mich vielmals, Harteius", rief die Prinzessin, „aber du hast noch Dienstboten? Ich kann es kaum glauben." „Äh, man hat heute keine mehr in Ihren Kreisen?", erkundigte sich HH mit zitternder Stimme. „Du liebe Zeit, nein, Hugelgurgelus", lachte die Prinzessin Ursula. „Ich komme mit und helfe dir, das Essen unter die Leute zu verteilen."

Erst als Ursula sich verabschiedete, bemerkte HH etwas, was er zuvor übersehen hatte. Die Prinzessin trug ein Armband, in das „Peter" eingraviert war.

„Ich befürchte", dachte Harald Hubertus, „dass ich sehr dumm gewesen bin. Aber alle sind so glücklich, und das macht auch mich froh. Und im Übrigen kann nur ein Bär mit einem echten alten Stammbaum einen Scherz mit einer solchen Haltung ertragen wie ich."

Immer Ärger mit Eduard

„Wo ist dieser Bär", brüllte Herr Teddinger aus der Garage. „Jemand, und ich glaube, ich weiß, wer, hat meine Gummistiefel mit Erde gefüllt!" Eduard versuchte es mit einer Erklärung: „Ich wollte eine Wurmzucht anlegen, Papi. In der Schule haben wir gerade die Würmer durchgenommen." „Komm sofort her, und mach die Stiefel wieder sauber!", sagte der Vater.

Was er auch tat, irgendwie war Eduard immer in Schwierigkeiten. Selbst wenn er helfen wollte, ging das ständig daneben.

Frau Teddinger ließ sich mit einem Seufzer in einen Sessel fallen. „Was sollen wir mit diesem Bären bloß machen? Ich glaube, das Problem ist, dass er keine älteren

Geschwister hat, zu denen er aufschauen und die er nachahmen kann", meinte sie. „Ich könnte vielleicht Willy, den kleinen Sohn meiner Freundin Viola, einladen." „Gleich zwei Jungs im Haus", Herrn Teddinger schauderte es. Doch dann erinnerte er sich daran, wie Willi bei der Hochzeit von Frau Teddingers Schwester in aller Ruhe die Gesangbücher verteilt hatte, und er stimmte erleichtert zu.

Sobald Willi das Haus betreten hatte, waren Herr und Frau Teddinger sicher, dass sie das Richtige getan hatten. Willi war sauber und höflich, aber, was noch wichtiger war, er war auch aufmerksam. Nach dem Abendessen sagte Willy: „Darf ich Ihnen beim Abwasch helfen, Frau Teddinger? Ich möchte zuvor nur meine Schürze anziehen."

Willi wusch Herrn Teddingers Auto und polierte es, dass man sich im Lack spiegeln konnte. „Er hat einen sehr guten Einfluss auf Eduard", flüsterte Frau Teddinger ihrem Mann ins Ohr, „er ist so ein einfühlsamer kleiner Bär,

Obwohl, manchmal denke ich, er ist schon fast zu perfekt. Das ist ja beinahe unnatürlich."

Die Woche war ohne größere Vorkommnisse verlaufen. Eduard hatte es zwar fertig gebracht, seine Cornflakes in den Toaster zu schütten, aber Willy holte nicht nur die Cornflakes wieder heraus, sondern auch eine ganze Menge alter Brotkrumen, die sich angesammelt hatten.

Willis letzten Tag feierte die Familie mit einem Picknick am Fluss. Durch Willis Anwesenheit verlief das Ganze viel ruhiger, als es sonst bei Teddingers üblich war. „Warum spielst du nicht ein bisschen mit Willi", sagte die Mutter zu Eduard, nachdem sie alle satt waren. „Wir sind etwas zu nahe am Ufer", meinte Willi, „ein falscher Schritt, und wir könnten in eine gefährliche Situation geraten!"

„Ach, Unsinn", lachte Herr Teddinger, doch in diesem Moment rutschte er aus und platsch! war er ins Wasser gefallen. Und gleich folgte ein Aufschrei. „Er kann nicht schwimmen", schrie Frau Teddinger, „jemand muss etwas unternehmen!" „Papi!", rief Eduard, „ich komme und rette dich!" Und er sprang ins Wasser. „Ich bleibe lieber auf sicherem Boden", sagte Willy ruhig. "Viele Bären ertrinken, wenn sie jemand zu retten versuchen." Aber Herr Teddinger kletterte aus dem Fluss mit Eduard in den Armen. Er lächelte breit. "Nur für den Fall, dass du es nicht bemerkt hast, Willi", sagte er, "das Wasser geht mir nur bis zu den Knien. Und bevor du es aussprichst: Ich weiß, dass auch in seichtem Wasser schlimme Unfälle passieren können. Aber Eduard ist ein sehr guter Schwimmer, und es gibt Dinge, die sind viel wichtiger, als vorsichtig zu sein. Ich bin sehr stolz auf Eduard."

Eduard kuschelte sich in die Arme des Vaters, und die Mutter gab ihm einen dicken Kuss, wobei sie gar nicht darauf achtete, dass sie selber ganz nass wurde.

Bären im Bett

Ein Bär im Bett ist kuschelig,
noch besser sind zwei Bären.
Drei Bären halten dich nicht so warm
als vier dir nützlich wären.
Fünf Bären wiegen dich in Schlaf,
sechs dich ganz herzlich drücken,
und sieben können sehr freundlich sein,
acht dir zur Seite rücken.
Doch neun im Bett?
Das Problem, das ist schwer!
Denn für dich reicht der Platz im Bett
nun nicht mehr!

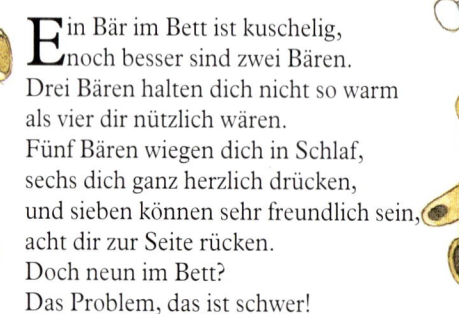

DIE SCHÖNSTEN MÄRCHEN

Rotkäppchen

Es war einmal ein kleines Mädchen, das hatte einen kleinen Umhang mit einer Kapuze aus rotem Samt. Und weil es nichts lieber trug, wurde es von allen nur Rotkäppchen genannt.

Eines Morgens erhielt Rotkäppchens Mutter einen Brief. „Er ist von der Großmutter. Es geht ihr nicht gut", seufzte die Mutter. Du kannst sie besuchen, aber du musst mir versprechen, dass du nicht vom Wege abgehst und dass du mit niemandem sprichst."

So machte sich Rotkäppchen auf den Weg zum Hause der Großmutter, das auf der anderen Seite des Waldes lag. Es war ein herrlicher

Tag. Da entdeckte das Mädchen, dass zwischen den Bäumen am Wegesrand wunderschöne Blumen wuchsen. Während Rotkäppchen einen Strauß für die Großmutter pflückte, trat hinter einem Baum der Wolf hervor.

„Guten Tag, mein liebes Kind", sagte er. „Was für schöne Blumen du hast!"

„Tut mir Leid", antwortete Rotkäppchen fest, „aber mit Fremden darf ich nicht sprechen. Ich bin auf dem Weg zur Großmutter und darf nicht zu spät kommen." Und rasch eilte es zum Weg zurück.

Eine halbe Stunde später kam Rotkäppchen zu Großmutters Hütte. „Komisch", dachte es. „Großmama hat ja die Tür offen gelassen." Es klopfte an und ging hinein. Es war ganz düster

in der Hütte, und Rotkäppchen dachte, die
Großmutter schliefe vielleicht. So schlich es auf
Zehenspitzen zum Bett, doch die Großmutter
war hellwach, saß aufrecht im Bett und sah gar
nicht gut aus.

„Aber Großmutter", flüsterte Rotkäppchen,
„was hast du für große Ohren!"

„Dass ich dich besser hören kann", antwortete die Großmutter mit merkwürdig rauer
Stimme. Rotkäppchen schaute genauer hin.

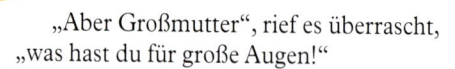

„Aber Großmutter", rief es überrascht,
„was hast du für große Augen!"

„Dass ich dich besser sehen kann", sagte die
Großmutter und zog sich die Decke über die
Nase.

Doch Rotkäppchen hatte etwas höchst Selt-
sames bemerkt. „Großmutter", rief es, „was
hast du für riesige Zähne!"

„Damit ich dich besser fressen kann", brüllte der Wolf und sprang so schnell aus dem Bett, dass ihm Großmutters Nachthaube vom Kopf fiel.

Rotkäppchen schrie aus Leibeskräften und rannte zur Tür. Ein Holzfäller, der draußen im Wald arbeitete, hörte zum Glück den Schrei und kam gleich mit seiner Axt herbeigelaufen. Als der Wolf ihn sah, bekam er große Angst und rannte davon.

Die Großmutter hatte sich im Schrank versteckt. „Es gibt doch nichts Besseres als einen tüchtigen Schrecken, um eine Erkältung zu kurieren", sagte sie munter. „Und nun setzt euch, ihr zwei, und ich hänge den Kessel übers Feuer."

Die kleine Seejungfrau

Vor langer, langer Zeit herrschte der Meerkönig über alle Länder unter der See. Zusammen mit seinen sechs wunderschönen Meertöchtern lebte er in einem Schloss aus Muschelschalen und kostbaren Perlen, doch sie durften nicht an die Oberfläche steigen, und die Welt der Menschen durften sie nicht sehen.

Die Jahre vergingen, die Prinzessinnen wuchsen heran, und eine nach der anderen durfte ihren ersten Blick auf die Welt werfen. Endlich war auch die jüngste Prinzessin dran. Vor Aufregung zitternd schwamm sie zur Oberfläche und bestaunte die sonnendurchflutete Welt. Plötzlich aber kam ein Sturm auf, und

ein Schiff lief auf einen Felsen bei der Küste.
Ein junger Mann war ins Wasser gestürzt. Die
kleine Meerjungfrau umfasste ihn mit den
Armen, brachte ihn zum sicheren Strand und
ließ ihn dort liegen.

Bald kamen ein paar Mädchen an den
Strand und fanden den jungen Mann.

„Aber das ist ja der Prinz!", riefen sie.

Da schlug der Prinz die Augen auf. „Wo ist
das wunderschöne Mädchen, das mich gerettet
hat?", fragte er. Doch niemand konnte es ihm
sagen.

Traurig schwamm die kleine Meerjungfrau
davon, denn sie hatte sich in den Prinzen ver-
liebt. Schließlich konnte sie es nicht länger aushalten und bat die Seehexe um Hilfe.

Tief in ihrer Höhle feixte die Seehexe: „So,

so, ein Mensch willst du also werden. Du musst mich mit deiner Stimme bezahlen!"

„Und bin ich dann wirklich ein Mensch?"

„Nein! Dazu muss ein Menschenmann dich lieben", erklärte die Hexe. „Und wenn er eine andere erwählt, dann verwandelst du dich in Schaum auf dem Meer."

Da gab die kleine Seejungfrau der Hexe ihre Stimme und wurde dafür ein Mensch. Sie mischte sich unter die Hofleute im Schloss des Prinzen. Nicht lang, und der Prinz bemerkte das schöne Mädchen und wünschte es immer an seiner Seite zu haben. Doch die Seejungfrau konnte dem Prinzen nicht sagen, wer sie war.

Eines Tages sagte er zu ihr: „Ich reise in ein fernes Land, wo eine schöne Prinzessin wohnt, die werde ich vielleicht heiraten." Da wurde die kleine Seejungfrau sehr, sehr traurig.

Als der Prinz die Prinzessin sah, verliebte er sich in sie und gleich wurde die Hochzeit ausgerichtet.

Die kleine Seejungfrau stand an der Reling des Schiffes und weinte. Plötzlich sah sie ihre Schwestern im Wasser. „Du kannst dich retten", riefen sie. „Töte den Prinzen mit diesem Messer, und du bist frei!"

Die kleine Seejungfrau nahm das Messer und schlich zur Kabine des Prinzen. Als sie ihn aber schlafend dort liegen sah, da brachte sie es nicht übers Herz, zu sehr liebte sie ihn. Verzweifelt stürzte sie sich ins Meer, doch wurde sie nicht zu Schaum, sondern eine Tochter der Lüfte, die allen Unglücklichen hilft.

Aschenputtel

Den ganzen Tag lang schrien und schimpften Aschenputtels Schwestern, während sie von früh bis spät putzte und flickte, kochte und wusch. Die Schwestern aber machten sich ein schönes Leben. Aschenputtels Kleider waren schmutzig und zerrissen, sie besaß keine Juwelen und keine schönen Schuhe, doch trotzdem war sie viel hübscher als die beiden hässlichen Schwestern.

Eines Tages ging ein Bote vom Schloss von Tür zu Tür und lud alle jungen Damen zu einem Ball bei Hofe ein, um den Geburtstag des Prinzen zu feiern.

„Wird Zeit, dass er heiratet", rief die dicke hässliche Schwester. „Vielleicht wählt er sich beim Ball eine Braut. „Vielleicht hast du Recht", sagte die andere. Niemand dachte daran, dass die Einladung auch für Aschenputtel galt.

Am Abend des Balls saß Aschenputtel erschöpft beim Feuer in der Küche, die Schwestern hatten sie noch mehr herumgehetzt als sonst. Sie seufzte: „Ach, wie gerne würde auch ich zu diesem Ball gehen."

Plötzlich stoben die Funken auf, und lächelnd stand eine schöne Frau in der Küche. „Ich bin deine gute Fee", sprach sie. „Und du, Aschenputtel, wirst zu diesem Ball gehen!"

Die Fee bat Aschenputtel, ihr einen großen Kürbis zu bringen. Den berührte sie mit dem Zaubnerstab, und schon war daraus eine goldene Kutsche geworden. Aus sechs Mäusen wurden edle Rappen, die zogen die Kutsche. Die Fee schwenkte noch einmal den Stab. Im Nu stand Aschenputtel in einem herrlichen Ballkleid da.

„Vergiss nicht", mahnte die Fee, „der Zauber hält nur bis Mitternacht. Ehe die Uhr zwölf schlägt, musst du nach Hause eilen."

Als Aschenputtel in ihrer goldenen Kutsche vorfuhr, da fragten sich alle, wer die wunderschöne Fremde wohl sei. Der Prinz selbst führte sie zum Ballsaal, und den ganzen Abend lang ließ er niemanden sonst mit ihr tanzen. Sie vergaß alles umher, außer den jungen Mann, der sie anlächelte. Doch plötzlich hörte sie draußen die Turmuhr schlagen. Es war Mitternacht!

„Ich muss leider gehn", flüsterte Aschenputtel und stürzte Hals über Kopf aus dem Saal. Nur ein winziges Glasschühchen blieb auf der Treppe zurück.

Aschenputtels Schwestern hatten am nächsten Tag kein anderes Thema als das

Mädchen, das das Herz des Prinzen erobert hatte. Da erschien ein königlicher Bote. „Der Prinz befiehlt, dass jedes Mädchen im Königreich diesen Schuh anprobieren muss", sagte er. „Der Prinz wird die heiraten, der der Schuh passt."

„Ich zuerst!", schrie die dicke hässliche Schwester. Doch so sehr sie sich auch bemühte, ihr breiter Fuß passte nicht in den Schuh. „Dann lass mich mal probieren", sagte die hagere hässliche Schwester. Doch ihr knochiger Fuß war viel zu lang.

„Ist sonst noch jemand hier im Hause?", fragte der Bote. „Nur noch die Magd", lachten die Schwestern verächtlich, „doch der passt das Schühchen niemals!" Der Bote beharrte, jede müsse den Schuh probieren.

Gerade schlüpfte Aschenputtel wie selbstverständlich in das zierliche Schühchen, als die Tür aufging und der Prinz hereintrat. „Du warst es!", rief er aus und blickte Aschenputtel in das schöne Gesicht. „Sei meine Braut, und niemand wird uns je wieder trennen."

Schneewittchen und die sieben Zwerge

An einem Wintertag saß eine Königin am Fenster des Schlosses und stickte. „Ich wünschte, meine Tochter hätte Haut, weiß wie Schnee, Lippen, rot wie Blut, und Haare, schwarz wie der Fensterrahmen", seufzte sie.

Kurz darauf gebar sie eine wunderschöne Tochter, die genau so aussah, wie sie es sich gewünscht hatte. Sie nannte das Kind Schneewittchen. Leider starb die Königin bald darauf, und der König heiratete wieder. Seine Braut war wunderschön, aber ihr Herz war kalt. Täglich schaute sie in den Spiegel und fragte:

„*Spieglein, Spieglein an der Wand, wer ist die Schönste im ganzen Land?*"
Und der Spiegel antwortete ihr stets:
„*Frau Königin, Ihr seid die Schönste im Land.*"

Eines Tages aber gab ihr der Spiegel eine andere Antwort:

„Frau Königin, Ihr seid die Schönste hier, doch Schneewittchen ist tausendmal schöner als Ihr."

Die Königin war wütend. Sie ließ den Jäger kommen und befahl ihm, Schneewittchen in den Wald zu führen und dort umzubringen.

Der Jäger war ein braver Mann, aber er fürchtete um sein Leben. So führte er Schneewittchen in den tiefen, dunklen Wald und ließ sie dort einsam zurück.

Schneewittchen fürchtete sich sehr so allein im Wald, und irrte ziellos umher. Mit einem Mal sah es mitten auf einer Lichtung ein kleines Häuschen stehen, da schlüpfte es hinein. Ganz müde vor Hunger und Angst, kroch es in eines der sieben Bettchen, die an der Wand standen.

Als Schneewittchen wieder erwachte, da standen sieben Zwerge um es herum und betrachteten es. Zuerst hatte Schneewittchen

Angst, doch die Zwerge waren sehr freundlich, und sie durfte bei ihnen bleiben.

Eines Tages klopfte eine alte Frau an die Tür. „Gutes Obst!", rief sie. Rasch machte Schneewittchen die Tür auf, denn es wusste nicht, dass die alte Frau in Wirklichkeit die verkleidete böse Königin war. „Hier, dieser schöne Apfel ist für dich", lächelte die falsche alte Frau.

Das arme Schneewittchen nahm nur einen einzigen Bissen von dem Apfel, der aber blieb ihm im Halse stecken, es war nämlich verzaubert. Als die Zwerge nach Hause kamen, konnten sie dem Mädchen nicht mehr helfen.

Da sie es aber nicht über sich bringen konnten, Schneewittchen zu begraben, so legten sie es in einen gläsernen Sarg.

Eines Tages kam ein Prinz vorbei. Sowie er Schneewittchen sah, verliebte er sich und sagte:

„Sie kann nie meine Braut sein, doch ich will sie mitnehmen in mein Schloss."

Zögernd stimmten die Zwerge zu. Als sie aber den Sarg mit einem Ruck hochhoben, da fiel das Apfelstückchen aus Schneewittchens Mund. Zur Verwunderung aller setzte Schneewittchen sich auf und streckte dem glücklichen Prinzen die Arme entgegen.

Die beiden heirateten und die Zwerge tanzten bei ihrer Hochzeit. Was aber die böse Königin anging, so löste sie sich vor grünem Neid in Luft auf, und niemand hat sie je wieder gesehen.

Däumelinchen

Es war einmal eine Frau, die wünschte sich nichts auf der Welt so sehr wie ein kleines Mädchen. So ging sie zu einer weisen Frau und bat sie um Hilfe. „Nimm dieses Samenkorn", sagte die freundliche alte Frau, „pflanze es ein, dein Wunsch wird sich erfüllen."

Die Frau tat, wie man ihr geraten hatte. Bald zeigte sich ein zartes Pflänzchen, und dann erschien auch eine wunderschöne, gelbe Blüte. Mitten in der Blüte aber saß ein kleines Mädchen, nicht größer als der Daumen der Frau, deshalb nannte sie das Kind Däumelinchen.

Eines Tages aber, als Däumelinchen alleine

zu Haus war, da kam eine Kröte durchs Fenster gehüpft und trug Däumelinchen davon. „Du bist so wunderhübsch", quakte die Kröte, „du sollst meinen Sohn heiraten." Und damit ließ sie das verängstigte Däumelinchen mitten im Wasser auf einem Seerosenblatt sitzen.

Däumelinchen begann zu weinen, denn sie hatte keine Lust, einen glitschigen Kröterich zu heiraten. Ein paar Fische, die alles beobachtet hatten, schwammen herbei, ihr zu helfen. Sie nagten den Stengel des Seerosenblattes durch, und wie auf einem Floß schwamm Däumelinchen davon.

Den ganzen Sommer über war Däumelinchen glücklich. Doch als der Winter kam, musste sie frieren und hungern. Da begegnete ihr eine Feldmaus, die sagte: „Du kannst ein paar Tage bei mir wohnen."

Das kuschelige Häuschen der Feldmaus gefiel Däumelinchen gut, aber es war wirklich winzig klein. „Ich werde dich zu meinem Freund, dem Maulwurf, bringen. Er sucht schon lange eine Frau und sein Haus ist riesig", piepste die Maus. So kam Däumelinchen zum Maulwurf. Es war dunkel und feucht, als der Maulwurf sie zu seiner unterirdischen Wohnung führte. „Vorsicht", sagte er, „da liegt ein toter Vogel."

Däumelinchen bückte sich und merkte, dass das Herz des Vogels noch schlug. Sie pflegte die Schwalbe, bis sie gesund war und davonflog.

Als dann die Frühlingssonne die Erde erwärmte, schaute Däumelinchen traurig zum blauen Himmel hinauf. Es war Zeit, den Maulwurf zu heiraten, doch Däumelinchen fürchtete sich in seiner unterirdischen Wohnung. Plötzlich sah sie hoch im Himmel die Schwalbe, die sie gerettet hatte. „Komm, steig auf meinen Rücken", sagte die Schwalbe, als sie bei Däumelinchen gelandet war, „ich bringe dich in ein Land, in dem immer Sommer ist."

Däumelinchen klammerte sich an die Federn der Schwalbe und so flogen sie über Länder und Meere bis zu einer Blumenwiese. Als Däumelinchen sich umschaute, sah sie voll Staunen, dass in jeder Blüte ein Menschlein saß – grad wie sie selbst! Lächelnd kam ein kleiner Mann auf sie zu. „Willkommen bei uns", sagte er. „Ich bin der König der Blumenmenschen. Bleibe bei uns, wir wollen dich Maja nennen."

Maja heiratete den kleinen Blumenkönig und lebte fortan glücklich unter den Blumenmenschen als deren Königin.

Rumpelstilzchen

Es war einmal ein einfältiger Mann, der hatte eine hübsche Tochter. Er prahlte vor dem König, dass sie Stroh zu Gold spinnen könne.

„Nun, sagte der König, wenn sie kann, was du sagst, so will ich sie heiraten."

So schleppte man das arme Mädchen zum Schloss und sperrte es in eine Kammer, in der es nichts weiter gab als Stroh und ein Spinnrad. „Du hast bis morgen Früh Zeit, wenn dann nicht alles Stroh zu Gold gesponnen ist, musst du sterben", sagte der König und schlug die Tür zu. Das Mädchen begann zu weinen, denn sie hatte keine Ahnung, wie man Stroh zu Gold spinnt.

Da erschien plötzlich ein kleines Männchen und sagte: „Weshalb die Tränen, meine Schöne?"

Schluchzend erzählte es dem

Männchen alles. „Das haben wir gleich", lachte der komische Gnom. „Du gibst mir deinen goldnen Fingerring, und ich spinn dir das Stroh zu Gold."

Und so geschah's. Im Nu hatte der Wicht das Stroh zu Gold gesponnen und war verschwunden. Als der König am nächsten Morgen die goldenen Fäden sah, war er ganz begeistert. „Wir müssen uns vergewissern, dass das kein Trick war", sagte er. „Heute Nacht wirst du noch mehr Stroh spinnen."

Und wieder erschien der Gnom, spann das Stroh und nahm als Bezahlung die Perlenkette des Mädchens.

In der dritten Nacht, in der sie noch mehr Stroh spinnen sollte, hatte das Mädchen nichts mehr, was sie dem Männchen geben konnte.

„Macht nichts", sagte der Gnom. „Wenn du Königin bist, gibst du mir dein erstgeborenes Kind."

Dem Mädchen schien dies so unwahrscheinlich, dass es sofort zustimmte, und gleich setzte der Wicht sich ans Rad und spann. Als der König morgens die Tür öffnete, war die Kammer über und über voller Goldfäden, und so ließ er gleich die Hochzeit ausrichten.

Ein Jahr verging. Die junge Königin war sehr glücklich, besonders als sie eine allerliebste Tochter bekam. Doch eines Nachts stand plötzlich der komische kleine Gnom neben der Wiege des Kindes. „Ich möchte dein Kind holen", sagte er.

Die Königin war bestürzt. „Ich gebe dir alles, was du willst", rief sie, „nimm meine Juwelen, meine Krone."

Aber der Wicht lachte nur. „Nun gut", sagte er schließlich. „Wenn du meinen Namen errätst, bevor drei Nächte vergangen sind, so sollst du mich nie wieder sehen."

Die nächsten beiden Nächte nannte die Königin alle

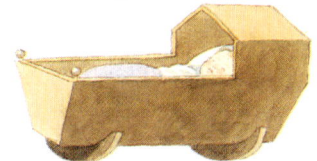

Namen, die sie je gehört hatte. Doch der Wicht schüttelte nur den Kopf.

Am dritten Tag kam ein Soldat zur Königin und erzählte, er habe im Wald einen Gnom um ein Feuer tanzen sehen und dabei singen hören:

*„Ach, wie gut, dass niemand weiß,
dass ich Rumpelstilzchen heiß!"*

Als der Wicht in der dritten Nacht bei der Königin erschien, da fragte sie: „Ist dein Name ... Rippenbiest oder Schnürbein?"

„Nein!", kreischte der Wicht.

„Dann heißt du vielleicht ... Rumpelstilzchen?!"

Als der Wicht das hörte, stampfte er so heftig mit dem Fuß auf, dass er durch den Boden brach und verschwand. Die Königin aber lebte glücklich bis ans Ende ihrer Tage.

Hänsel und Gretel

Es war einmal ein armer Holzfäller, der hatte zwei Kinder, die hießen Hänsel und Gretel. Die Mutter war gestorben, als die Kinder noch klein waren, und die neue Frau des Holzfällers war die Armut nicht gewohnt.

Eines Abends, als die hungrigen Kinder einzuschlafen versuchten, hörten sie, wie der Vater und die Stiefmutter miteinander sprachen. „Wie sollen wir die Kinder ernähren, da wir nicht mal genug für uns selbst haben? Wir werden alle verhungern", sagte die Frau. „Morgen bringen wir die Kinder in den Wald und lassen sie dort."

Der Holzfäller war erst dagegen, aber dann stimmte er doch zu. Gretel hatte große Angst, aber Hänsel tröstete seine Schwester: „Ich lasse morgen ein paar Brotkrumen auf den Weg fallen. Dann finden wir nach Hause zurück."

Als aber Hänsel und Gretel der Spur der Krumen folgen wollten, da waren keine mehr da – ein hungriger Vogel hatte sie alle aufgepickt! Müde, frierend und hungrig irrten die Kinder durch den Wald und wussten nicht wohin.

Plötzlich aber standen sie vor einem komischen kleinen Häuschen, das ganz und gar aus Lebkuchen bestand, und die Fensterscheiben waren aus Zuckerguss. Gleich rannten die Kinder hin und stopften sich die Münder voll.

Da hörte man von drinnen eine Stimme:

„Knusper, knusper, Knäuschen, wer knuspert an meinem Häuschen?" Zugleich ging die Tür auf, und eine alte Frau kam heraus. Erst wollten die Kinder weglaufen, aber die Frau war sehr freundlich und sagte: „Kommt nur herein, ich habe gutes Essen für euch." Tatsächlich aber war es eine böse Hexe, die kleine Kinder aß.

Nachdem Hänsel und Gretel gut gegessen hatten, durften sie in weichen Betten schlafen. Am nächsten Morgen aber sperrte die böse Hexe Hänsel in einen Käfig und Gretel musste in der Küche Essen für ihn kochen. „Ich will ihn mir erst ein wenig mästen", sagte die Hexe und rieb sich die Hände.

Eines Tages wollte die Hexe nicht länger warten und befahl Gretel, den großen Backofen anzuheizen. „Steck den Kopf hinein und sieh, ob er schon heiß ist", sagte sie. Aber Gretel wusste, dass die Hexe sie in den Ofen schieben wollte, und stellte sich dumm. Ärgerlich schubste die Hexe Gretel beiseite und steckte selbst den Kopf in den Ofen. Da gab das Mädchen der Hexe einen mächtigen Stoß, sodass sie in den Ofen rutschte. Dann schlug Gretel die Ofentür zu und rannte zum Käfig, um Hänsel zu befreien.

Der Vogel, der die Brotkrumen gefressen hatte, führte sie zum Dank nach Hause zurück. Der Vater weinte vor Freude, als er sie sah. Seine Frau war inzwischen zu ihrer Familie zurückgekehrt, und er hatte täglich im Wald nach den Kindern gesucht.

„Wir haben noch eine Überraschung", riefen die Kinder und leerten ihre Taschen aus. „Wir haben Gold- und Silbermünzen bei der Hexe gefunden. Nun werden wir nie wieder arm sein!"

Rapunzel

Es war einmal eine Frau, die wünschte sich schon lange vergeblich ein Kind. So heftig war ihr Wunsch, dass sie darüber krank wurde. Eines Tages blickte sie aus dem Fenster und sah im Nachbargarten herrlichen Salat wachsen. „Wenn ich nicht von diesem Salat zu essen bekomme, so werde ich sterben", sagte sie zu ihrem Mann.

Der Garten aber gehörte einer mächtigen Zauberin. Bei Nacht schlich sich der Mann in den Garten und wollte gerade Salat abschneiden, da hörte er ein Geräusch hinter sich.

„So", zischte eine Stimme, „du glaubst, du kannst mich unbemerkt bestehlen, was?"

Es war die Zauberin. Der arme Mann bekam einen gewaltigen Schreck. Er zitterte wie Espenlaub und sagte: „Wenn du mich gehen lässt, sollst du haben, was du willst."

„Gut", sagte die Zauberin, „bring mir deine Tochter, sobald sie geboren ist."

Da der Mann längst alle Hoffnung auf ein Kind aufgegeben hatte, stimmte er sofort zu. Doch ein paar Monate später gebar seine Frau ein Töchterchen. Und der Mann musste das Kind, wie er versprochen hatte, der Zauberin bringen. Sie kümmerte sich gut um das Mädchen, das sie Rapunzel nannte.

Rapunzel wuchs zu großer Schönheit heran, und die eifersüchtige Zauberin versteckte das Mädchen in einem hohen Turm im Wald. Der Turm hatte keine Tür und keine Treppe, nur ganz oben in der Kammer befand sich ein kleines Fensterchen.

Wenn die Zauberin Rapunzel besuchen wollte, stellte sie sich unten an den Turm und rief: „Rapunzel, Rapunzel, lass dein Haar herunter." Dann ließ das Mädchen seinen dicken Zopf aus dem Fenster fallen, und die Zauberin kletterte daran hoch.

Eines Tages ritt zufällig ein Prinz durch den Wald. Er beobachtete die Zauberin, und als sie fort war, schlich er zum Turm und rief auch: „Rapunzel, Rapunzel, lass dein Haar herunter."

Rapunzel erschrak, als statt der Zauberin plötzlich der junge Prinz durchs Fenster kam! Die beiden verliebten sich, und der Prinz kam oft zu Besuch. Eines Tages aber verplapperte sich Rapunzel, und die Zauberin erfuhr von dem

Prinzen. Da kreischte sie vor Wut, schnitt Rapunzel den Zopf ab und versetzte sie in ein fernes Wüstenland. Dann wartete sie in der Kammer auf den Prinzen.

Als sie den Prinzen rufen hörte, ließ die Zauberin Rapunzels Zopf zum Fenster hinab. Als der Prinz fast oben angekommen war, ließ sie den Zopf los, und er stürzte in die dichten Brombeerhecken am Fuße des Turms.

Der Prinz war nicht tot, aber die Dornen hatten ihm die Augen zerstochen. Jahrelang wanderte er als Blinder durch die Welt und suchte Rapunzel. Schließlich fand er sie in dem fernen Wüstenland. Rapunzel weinte vor Freude, als sie den Prinzen sah, und ihre Tränen heilten seine blinden Augen.

Hand in Hand kehrten Rapunzel und der Prinz zum Königreich zurück und feierten eine rauschende Hochzeit.

Hans und der Bohnenstängel

„Es hat keinen Zweck. Wir haben kein Geld mehr, und du, Hans, bist so ein fauler und dummer Junge, dass du niemals eine Arbeit finden wirst", sagte die Mutter. „Du wirst die Kuh zum Markt bringen und dort verkaufen müssen."

Also machte sich Hans mit der Kuh auf zum Markt. Unterwegs begegnete ihm ein Fremder. „Warum willst du bis zum Markt gehen?", fragte der Mann. „Gib mir die Kuh, ich gebe dir diese Zauberbohnen dafür."

Hans freute sich, die Zauberbohnen zu bekommen, und gab dem Mann sofort die Kuh. Die Mutter aber war wütend. Und warf die Bohnen kurzerhand aus dem Fenster.

Als Hans am nächsten Morgen aufwachte, war draußen eine Bohnenpflanze gewachsen, dick wie ein Baum, die bis in den Himmel reichte.

Nun war Hans zwar faul, aber doch mutig. Stracks kletterte er an der Bohne hinauf, bis in das Land über den Wolken. In der Ferne sah er eine trutzige Burg. Es brach schon die Nacht herein, als er die Burg erreichte und ans Tor klopfte.

Eine freundliche Frau machte auf, sah Hans überrascht an und sagte: „Mein lieber Junge, hier kannst du nicht bleiben. Mein Mann ist ein schrecklicher Riese, der kleine Buben frisst."

Dennoch ließ sie ihn hereinkommen und gab ihm Brot und Käse. Gerade wollte Hans zu essen anfangen, da erzitterte der Fußboden wie bei einem Erdbeben.

„Da kommt mein Mann", rief die Frau. „Rasch, versteck dich im Ofen!"

Mit donnernden Schritten kam der Riese in die Küche

und brüllte mit einer Stimme, dass die Wände wackelten: „Ich rieche, rieche Menschenfleisch!"

„Unsinn", sagte seine Frau. „Es ist bloß die Suppe, die ich gekocht habe." Der Riese setzte sich an den Tisch und löffelte seine Suppe. Als er fertig war, brüllte er: „Bring meine Henne!" Schnell lief die Frau und holte ihm die Henne.

Der Riese nahm die Henne und brüllte sie an: „Leg!" Hans, der vorsichtig aus der Ofentür lugte, sah zu seiner größten Überraschung, dass die Henne ein goldenes Ei legte. Und dann noch eins und noch eins, bis zwölf goldene Eier auf dem Tisch lagen. Dann schlief der Riese ein und begann mächtig zu schnarchen.

Hans krabbelte aus dem Ofen, schnappte sich die Henne und rannte, haste was kannste, wieder den weiten Weg zum Bohnenstängel zurück.

Doch der Riese war erwacht und lief mit donnernden Schritten hinter dem Jungen her. Hans rannte wie noch nie in seinem Leben. Aber der Riese folgte ihm, kam näher und immer näher. Mit Mühe erreichte Hans den Bohnenstängel, rutschte und kletterte hinunter und schrie aus Leibeskräften: „Mutter, Mutter, bring die Axt!"

Kaum war er unten, hieb er mit einem gewaltigen Schlag den Bohnenstängel um. Da stürzte der Riese von hoch oben zu Tode.

„Ja, Hans!", rief die Mutter und schlug die Hände zusammen, „das ist ja die Henne, die der böse Riese deinem armen Vater gestohlen hat. Jetzt sind wir alle unsere Sorgen los."

Hans und seine Mutter aber lebten glücklich und zufrieden bis ans Ende ihrer Tage.

Der Lebkuchenmann

Es waren einmal ein kleiner Mann und eine kleine Frau, die lebten zusammen in einer kleinen Hütte auf dem Lande. Eines Tages buk die Frau Plätzchen aus Lebkuchenteig. Da sie etwas Teig übrig hatte, formte sie daraus einen Lebkuchenmann und setzte ihm drei Rosinen als Knöpfe und zwei weitere als Augen ein, und aus einer Kirsche machte sie ihm einen lächelnden Mund. Dann buk sie ihn zusammen mit den Plätzchen.

Als sie die Ofentür öffnete, bekam sie einen großen Schreck, denn der kleine Lebkuchenmann sprang vom Blech und rannte zur Küchentür.

„Komm zurück!", rief die Frau und lief hinter ihm her.

„Komm zurück!", rief auch ihr Mann, der im Garten arbeitete.

Zusammen liefen sie hinter dem Lebkuchenmann her, der aber schrie über die Schulter zurück: „Lauft nur zu, mich kriegt ihr nie, ich bin der Lebkuchenmann!"

Unter dem Gartentor hindurch flitzte er auf die Straße, hinüber zur Wiese an einer Kuh vorbei.

„Halt!", muhte die Kuh, „du schmeckst sicher besser als Gras." Und sie trottete hinter dem Lebkuchenmann her. Doch der blieb nicht stehn, vielmehr rief er im Laufen: „Die kleine Frau und der kleine Mann haben mich nicht eingeholt, und du holst mich auch nicht ein. Lauf nur zu, mich kriegst du nie, ich bin der Lebkuchenmann!"

Nun kam er an einem Pferd vorbei. „Halt!", wieherte das Pferd, „du schmeckst sicher besser als Hafer." Und es trabte hinter dem Lebkuchenmann her. Doch der blieb nicht stehn. Nacheinander lief er am Hahn, der auf dem Zaun saß, und am Schwein vor seinem Trog vorbei, und alle rannten sie ihm nach.

Schließlich kam der Lebkuchenmann an einen Fluss, und da musste er stehen bleiben. Lebkuchenmänner können nämlich sehr gut laufen, aber überhaupt nicht schwimmen. Doch unerwartet nahte Hilfe. „Kann ich Ihnen behilflich sein?", fragte mit lieblicher Stimme der Fuchs. „Vielleicht möchte der Herr das Wasser kreuzen? Gestatten Sie mir, Ihnen meinen Rücken dazu anzudienen. Sitzen Sie auf, ich bringe Sie hinüber!"

Dem Lebkuchenmann kam das Angebot sehr recht, denn die Verfolger waren schon sehr nah. Ohne zu zögern schwamm der Fuchs mit dem Lebkuchenmann los. Als sie mitten im Fluss waren, sprach der Fuchs: „Wenn der Herr Lebkuchenmann so freundlich wären, auf meinen Kopf zu steigen, denn das Wasser wird tiefer." Da er sich vor dem Wasser fürchtete, kletterte der Lebkuchenmann dem Fuchs auf den Kopf.

„Das Wasser wird noch tiefer", sagte der Fuchs, „bitte, bequemen Sie sich auf meine Nase."

Kaum war der Lebkuchenmann dem Fuchs auf die Nase geklettert, da schnickte er das leckere Männchen mit dem Kopf hoch in die Luft, fing es mit weit aufgerissenem Maul auf und verschlang es mit einem Happs.

Dornröschen

Einst lebten in einem großen Land ein König und eine Königin. Als dem Königspaar ein Kind geboren wurde, luden sie alle wichtigen Persönlichkeiten des Landes zu einem großen Fest ein, darunter auch zwölf Feen.

Es war ein prächtiges Fest. Alle Gäste brachten Geschenke für die kleine Prinzessin, die wertvollsten Geschenke aber brachten die zwölf Feen. Eine nach der anderen traten sie an die Wiege des Kindes.

„Ich schenke dir Schönheit", sprach die erste Fee.

„Ich gebe dir Tugend", sprach die Zweite.

„Ich gebe dir Frohsinn", die Dritte. Und so ging es weiter, bis die Prinzessin mit allem versehen war, was man sich auf der Welt nur wünschen kann.

Die zwölfte Fee trat gerade an die Wiege, da ging plötzlich die Tür auf. Auf der Schwelle stand eine alte, hässliche in Lumpen gekleidete Frau. Es war die dreizehnte Fee des Landes. Sie lebte so einsam und so weit weg, dass man vergessen hatte, sie einzuladen.

Die alte Fee humpelte zur Wiege des Kindes und krächzte: „Da bin ich ja gerade noch rechtzeitig gekommen. Weil ihr mich nicht eingeladen habt, so wünsche ich dem Kinde dies: An deinem achtzehnten Geburtstag sollst du dich an einer Spindel stechen und tot umfallen!"

Plötzlich, wie sie gekommen war, verschwand sie wieder, die Gäste aber waren alle starr vor Entsetzen. Da trat die zwölfte Fee vor und sprach mit sanfter Stimme: „Zurücknehmen kann ich den Fluch nicht, doch ich kann ihn mildern. Wenn sich die Prinzessin an der Spindel sticht, soll sie nicht sterben, sondern in einen hundertjährigen Schlaf fallen."

Der König und die Königin ließen sie alle Spindeln im Lande einsammeln und verbrennen. Die Prinzessin aber wuchs zu einem schönen, fröhlichen und klugen Mädchen heran.

Am Morgen ihres achtzehnten Geburtstages wachte die Prinzessin früh auf. Sie ging durch den Palast und bemerkte eine kleine Tür, die sie nie zuvor gesehen hatte. Sie führte zu einer schmalen Wendeltreppe, die stieg sie hinauf, immer höher, bis zu einer kleinen Kammer hoch oben im Turm, in der saß eine alte Frau an einem Spinnrad.

Natürlich hatte die Prinzessin nie in ihrem Leben ein Spinnrad mit einer Spindel gesehen. Neugierig berührte sie die Spindel, stach sich

in den Finger und sank alsbald in
einen tiefen Schlaf.

Doch nicht nur die Prinzessin
schlief ein, sondern mit ihr der gesamte
Palast und alles, was in ihm lebte.

Viele Jahre vergingen, und um das Schloss
wuchs eine dichte Hecke aus Brombeeren und
wilden Rosen. Eines Tages kam ein junger
Prinz an der Hecke vorbei, aus der nur noch
die Türme herausschauten. Er fragte seinen
Diener und der erzählte ihm die alte
Geschichte von der schlafenden Prinzessin.

Der Prinz zog sein Schwert und hackte sich
einen Weg durch das Dorngestrüpp. Im
Schloss sah er lauter schlafende Menschen,
und im Turm fand er das schönste Mädchen,
das er je gesehen hatte. Er beugte sich hinab
und küsste die Prinzessin.

Dieser Kuss löste den schrecklichen Fluch
der dreizehnten Fee. Die Prinzessin schlug die
Augen auf und erwachte – und mit ihr der
gesamte Hofstaat. Die Prinzessin aber hatte
nur Augen für den schönen
Prinzen und bald gab es eine
große Hochzeit.

Des Kaisers neue Kleider

Es war einmal ein Kaiser, der war unglaublich eitel und dumm.

Eines Tages wollte der Kaiser neue Kleider haben. Nun waren per Zufall gerade zwei gerissene Burschen im Kaiserreich zu Gast, die gedachten sich einen guten Batzen Geld zu verdienen, und so stellten sie sich dem Kaiser als hochberühmte Kunstschneider vor.

„Wir verwenden einen völlig neuen Stoff", sagte der eine.

„Feiner als alle Stoffe dieser Welt. So zart, dass nur wirklich kluge und fähige Menschen ihn überhaupt sehen können." Das war ganz nach dem Geschmack des Kaisers.

Die beiden selbst ernannten Schneider bekamen ein Zimmer im Schloss als Werkstatt. Gleich verlangten sie eine Menge Geld, um all die teuren Stoffe einkaufen zu können, tatsächlich aber steckten sie das Geld in die eigene Tasche.

Schließlich kam der Tag der Anprobe. Die zwei Burschen taten so, als zeigten sie die prächtigsten Kleider vor. „Sind sie nicht märchenhaft", priesen sie ihre angebliche Arbeit. „Wenn Euer Majestät vor allem diese wunderbaren Knopflöcher beachten wollen, ein Triumph unserer Kunst, findet Ihr nicht?"

Der Kaiser war verwirrt, denn er sah nichts, absolut nichts! Er wandte sich an seinen Minister und fragte ihn, wie ihm die Kleider gefielen. Der Minister wollte nicht zugeben, dass auch er nichts sah, und sagte: „Es übersteigt alle Worte, ich kann nicht ausdrücken, was ich sehe, Euer Majestät."

Nun wurde dem Kaiser mulmig. „Es kann doch nicht sein, dass ich dümmer und unfähiger bin als mein Minister", dachte er bei sich, und dann sagte er laut: „Nun, die Gewänder sind in der Tat ganz außerordentlich!"

Dann taten die Burschen so, als legten sie dem Kaiser die Kleider an. Er fand, es war gar nicht schwierig, etwas über Kleider zu sagen, die er überhaupt nicht sehen konnte. Und die Schneider gingen auf alle Änderungswünsche ein.

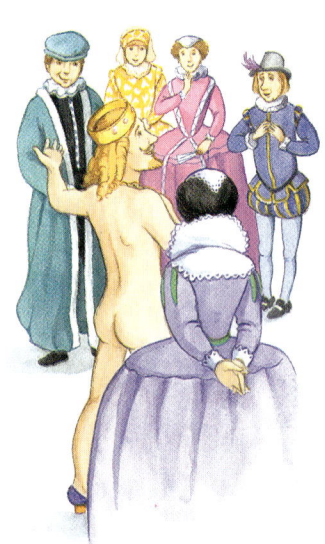

Dann kam der Tag, an dem der Kaiser sich seinem Volk bei einer großen Parade in seinen neuen Kleidern zeigen wollte. Früh Morgens kamen die falschen Schneider und kleideten den Kaiser ein. Der Kaiser beschenkte sie reich, und die beiden Betrüger ritten eiligst davon.

Begleitet von seinem Hofstaat begab der Kaiser sich zur Stadt, wo die Menschen ihn erwarteten. Als er erschien, herrschte kurz Stille. Keiner wollte dumm und unfähig erscheinen. Schließlich brach ein riesiger Jubel los. Alle schrien und lobten die Kleider des Kaisers. Doch plötzlich erschallte ein feines Kinderstimmchen, das rief: „Aber der Kaiser hat ja gar nichts an!"

Augenblicklich herrschte eine entsetzliche Stille. Und dann fingen alle Leute an zu lachen. „Tatsächlich, er hat überhaupt nichts an. Ein Kind hat uns gezeigt, wie dumm wir waren!", riefen die Leute und hielten sich die Bäuche vor Lachen.

Nur einer lachte nicht. Der arme Kaiser war so blamiert, dass er ohne Kleider und ohne Würde schnell zu seinem Palast rannte. Die beiden Betrüger waren längst über alle Berge, der Kaiser aber hatte etwas gelernt: „Nur ein Weiser erkennt, wenn er eine Dummheit begangen hat", sagte er.

Der Fischer und seine Frau

Es war einmal ein armer Fischer, der lebte mit seiner Frau in einer schäbigen, verwahrlosten Kate an der Meeresküste.

Eines Tages ging der Mann zum Fischen.

Bald merkte er, dass er einen Fisch an der Angel hatte. Zur Überraschung des Mannes fing der Fisch an zu sprechen. „Bitte, wirf mich ins Meer zurück", sagte er. „Ich bin ein verwunschener Prinz." Der Fischer war so verblüfft, dass er nichts sagen konnte, doch warf er den Fisch ins Wasser zurück. Zu Hause erzählte er seiner Frau, was geschehen war.

„Du Hohlkopf!", schimpfte sie. „Du hättest einen Wunsch bei ihm frei gehabt! Marsch, geh zurück zum Meer und bitte ihn um eine schöne, saubere Hütte, statt dieser Dreckskate, in der wir hier leben!"

Der Fischer tat, was die Frau verlangt hatte. Das Meer hatte leichte Schaumkronen auf den seichten Wellen, als der Fisch antwortete: „Geh nur heim, der Wunsch ist schon erfüllt."

Da ging der Fischer fröhlich nach Hause und fand seine Frau in der saubersten, niedlichsten, schönsten kleinen Hütte vor, die man sich denken kann. „Nun haben wir alles, was wir brauchen", sagte der Mann. Doch die Frau erwiderte: „Abwarten!"

Nach ein paar Wochen fing

die Frau des Fischers an, herumzunörgeln: „Weißt du, wenn ich bedenke, dass du einem Prinzen das Leben gerettet hast, so hätte er uns wenigstens ein Schloss und ein Königreich dafür geben können. Ich denke, du solltest hingehen und ihn darum bitten."

Der Fischer wollte es seiner Frau ausreden, doch es half alles nichts, und er musste zum Strand gehen. Diesmal herrschte ein so mächtiger Sturm, dass sich der Fischer kaum auf den Beinen halten konnte, und hohe Brecher rollten auf den Strand zu, als der Fisch erschien. Der Mann trug die Bitte der Frau vor, und der Fisch sagte mit grollender Stimme: „Geh nur heim, der Wunsch ist schon erfüllt."

Tatsächlich fand er die Frau in einem großen Schloss auf einem riesigen Thron sitzend, mit einer Krone auf dem Kopf und einem Gewand mit langer Schleppe, umgeben von einem Schwarm von Dienern und Hofleuten.

Eine Woche lang ging alles gut, doch dann sprach die Frau: „Ein paar tausend Leute regieren, das ist doch gar nichts. Ich möchte sein wie der liebe Gott!"

Dem Fischer wurde angst und bang. Schweren Herzens schleppte er sich zum Strand. Diesmal war der Sturm noch heftiger, Blitze zuckten, und die Wellen gingen haushoch. Als der Fischer die Bitte seiner Frau vorgetragen hatte, sagte der Fisch: „Geh nur heim, deine Frau hat, was sie verdient."

Als der Fischer nach Hause kam, da saß seine Frau in Lumpen in der schäbigen alten Kate, in der sie früher gewohnt hatten. Und da leben sie noch heute.

Der Froschkönig

Es war einmal ein König, der hatte sieben wunderschöne Töchter. Die jüngste aber war die schönste von allen, und sie liebte der König am meisten. Leider war diese Prinzessin sehr verwöhnt.

Eines Tages ging sie zu dem kleinen See im Schlossgarten, setzte sich ans Ufer und spielte mit ihrem goldenen Ball. Aber plötzlich war der Ball in den See gerollt. Da weinte die Prinzessin vor Zorn, denn sie hatte ihren Lieblingsball verloren.

Da hörte sie neben ihrem Ohr eine quakende Stimme: „Prinzessin, wenn du willst, kann ich dir helfen."

Die Prinzessin hörte auf zu weinen und sah sich um. Doch was für ein Schreck! Ganz dicht vor ihrem Gesicht saß ein dicker, grüner Frosch. „Pfui! Geh bloß weg, du hässliches Biest!", rief die Prinzessin angeekelt. „Wie solltest du mir helfen können?"

„Ich kann dir deinen goldenen Ball zurückholen", quakte der Frosch.

„Und was willst du dafür?"

„Ich will nur dein Freund sein", antwortete der Frosch. „Es genügt, dass du gelegentlich mit mir spielst, mich von deinem Teller essen und mich auf deinem Kissen schlafen lässt."

Die Prinzessin überlegte. Mit einem Frosch wollte sie ja nicht befreundet sein, aber den Ball hätte sie schon gern zurückgehabt. Also willigte sie ein.

Schnell hatte der Frosch den Ball aus dem See geholt. Die Prinzessin rannte zum Schloss und kümmerte sich nicht mehr um den Frosch. Doch als alle abends zu Tisch saßen, da klopfte es an die Tür.

„Euer Hoheit", sagte ein Diener zur jüngsten Prinzessin, „es ist ein..., äh... ein Frosch. Er bittet, Sie zu sehen."

„Sag ihm, ich hätte zu tun und könne ihn jetzt nicht sprechen", antwortete die Prinzessin kühl. Doch der König wollte wissen, was los sei. Zögernd erzählte ihm die Prinzessin die ganze Geschichte. Der König blickte sie streng an. „Ein Versprechen ist ein Versprechen", sagte er. „Du gehst jetzt sofort und bittest den Frosch herein."

Geknickt ging die Prinzessin zur Tür. „Biete deinem Gast etwas zu essen an", forderte der König seine Tochter auf, und die Prinzessin gehorchte.

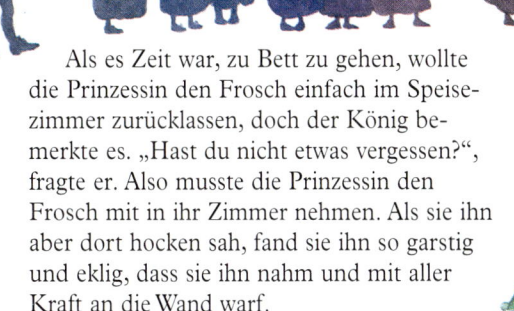

Als es Zeit war, zu Bett zu gehen, wollte die Prinzessin den Frosch einfach im Speisezimmer zurücklassen, doch der König bemerkte es. „Hast du nicht etwas vergessen?", fragte er. Also musste die Prinzessin den Frosch mit in ihr Zimmer nehmen. Als sie ihn aber dort hocken sah, fand sie ihn so garstig und eklig, dass sie ihn nahm und mit aller Kraft an die Wand warf.

Da verwandelte er sich in einen wunderschönen Prinzen, der die Königstochter freundlich anlächelte und sagte: „Eine böse Zauberin hatte mich verhext, und nur eine Prinzessin konnte den Bann wieder lösen."

Da war die Prinzessin überglücklich, dass sie ihr Versprechen gehalten hatte, und bald wurde Hochzeit gefeiert.

Die Prinzessin auf der Erbse

Es war einmal ein Prinz, der wollte gerne heiraten. Viele Mädchen hätten ihn gern genommen, aber der Prinz wollte nur eine wirklich echte Prinzessin.

Eines Nachts, als der Prinz zusammen mit der Königin und dem König im Schloss weilte, herrschte draußen ein furchtbarer Gewittersturm. Da klopfte es an der Palasttür. Der König öffnete selbst.

Vor der Tür stand eine wunderschöne junge Frau. „Ich bin eine Prinzessin", sagte die junge Frau. „Darf ich bitte hereinkommen, bis das Unwetter vorüber ist?"

Kaum erblickte der Prinz das Mädchen, verliebte er sich bis über beide Ohren.

„Wir werden sehen, ob sie eine richtige Prinzessin ist", meinte die Königin.

Das Mädchen war überrascht, dass sie auf einem Stapel von zwanzig Matratzen und

Federbetten schlafen sollte, doch sie sagte nichts, kletterte ins Bett und legte sich zur Ruhe.

Am nächsten Morgen saß die Familie schon gespannt am Frühstückstisch, als die junge Frau erschien.

„Nun meine Liebe", fragte der König und blinzelte seiner Gattin zu, „hast du gut geschlafen?"

„Oh, entsetzlich schlecht!", sagte die junge Frau. „Ich habe kein Auge zugetan. Gott weiß, was da im Bett gewesen ist, aber ich habe lauter blaue Flecken!"

„Dann bist du eine Prinzessin", jubelte die Königin, „denn nur eine Prinzessin kann die winzige Erbse spüren, die ich dir unten ins Bett gelegt habe!"

Die Prinzessin verliebte sich in den Prinzen ebenso wie er in sie, und so wurde alsbald Hochzeit gehalten.

Die Riesenrübe

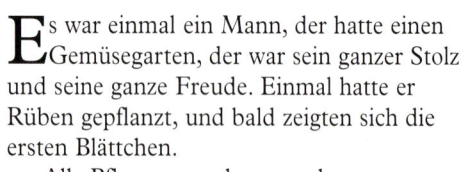

Es war einmal ein Mann, der hatte einen Gemüsegarten, der war sein ganzer Stolz und seine ganze Freude. Einmal hatte er Rüben gepflanzt, und bald zeigten sich die ersten Blättchen.

Alle Pflanzen wuchsen rasch, doch eine wuchs kräftiger als alle anderen. Die Rübe wuchs und wuchs, bis sie größer war als alle Rüben in der Welt. Nun wollte der Mann die Riesenrübe ernten. Mit beiden Händen umfasste er das Kraut, stemmte die Füße fest in den Boden, zählte bis drei und zog ... aber es rührte sich nichts.

Also rief der Mann seine Frau. „Komm und hilf mir", sagte er. Doch auch gemeinsam hatten sie keinen Erfolg.

Da kam ein kleiner Junge vorbei und wollte helfen. Aber der Mann, die Frau und der Junge erreichten nichts.

Der kleine Junge rief seine Schwester: „Komm und hilf uns!" Die Schwester stellte sich hinter ihren Bruder, alle zogen, und wieder rührte sich nichts.

Ein Hund hängte sich dran – es nützte nichts. Dann versuchte die Katze zu helfen – ohne Erfolg.

Da sah die Katze das Mäuschen und rief: „Komm, hilf uns!"

„Pieps", sagte die Maus und hängte sich der Katze an den Schwanz.

„Jetzt aber, alle zusammen, auf drei", rief der Mann. „Eins, zwei, drei..." ... und er zog und zog und zog – und da flog die Rübe in hohem Bogen aus dem Boden, und der Mann und die Frau und der Junge und das Mädchen und der Hund und die Katze und die Maus fielen alle hintenüber und purzelten übereinander.

Als die Rübe gekocht war, setzten sich alle zusammen hin und aßen und aßen und aßen – ja, ich glaube, sie essen heute noch!

Aladin und die Wunderlampe

Vor langer Zeit lebte eine arme Witwe, die hatte einen Sohn namens Aladin.

Eines Tages, als Aladin durch den Basar ging, grüßte ihn ein Fremder und gab ihm zwei Goldmünzen. „Endlich habe ich dich gefunden!", rief der Fremde. „Ich bin der Bruder deines Vaters. Ich war unterwegs in der Fremde und habe erst jetzt von seinem Tod erfahren."

Aladin und seine Mutter nahmen den Fremden wie ein Familienmitglied auf. Von den Münzen kauften sie zu essen und zu trinken für ihn, und sie bedienten ihn. Am dritten Tag sagte der Fremde zu Aladin: „Komm mit mir, und ich zeige dir etwas Großartiges."

Ohne zu zögern folgte Aladin dem Gast weit aus der Stadt hinaus. An einem Berg im Wald zündete der Mann ein Feuer an und warf etwas Zauberpulver

hinein. Da sah Aladin, dass der
Mann nicht sein Onkel, sondern ein
böser Zauberer war. Der Zauberer
zeigte Aladin einen Gang, der in den
Berg hineinführte, und sagte: „Diese
Treppe dort musst du für mich
hinuntergehen. Das Gold und die
Juwelen an den Wänden darfst du
nicht berühren. Im letzten Raum
wirst du eine alte Öllampe finden, die
sollst du mir bringen. Zu deinem Schutz
gebe ich dir einen Ring mit." Zähneklappernd
tat Aladin, was der Zauberer ihm befohlen
hatte. Als er aber mit der Lampe wieder nahe
beim Eingang war, da hörte er, wie der
Zauberer vor sich hin murmelte: „Gleich habe
ich die Lampe, dann werde ich ihn umbringen!" Vor Angst begann Aladin so zu zittern,
dass seine Finger über die Lampe rieben. Da
erschien ein Geist vor Aladin und sprach:
„Was befiehlt mein Meister?"

„O wär ich doch zu Hause!", stammelte
Aladin – und schon war es geschehen. Der
Geist erfüllte Aladin alle Wünsche, und so lebten er und seine Mutter hinfort ohne Sorgen.

Eines Tages sah Aladin die Tochter des Kaisers und verliebte sich in sie. Da bat er den Geist der Lampe erneut um Hilfe. Der Geist beschaffte Aladin Gold, Juwelen und einen großen Palast, und so konnte er die Tochter des Kaisers heiraten.

Aladin und seine Frau lebten in großem Glück, doch der Zauberer kam zurück und brachte die Lampe mit einem Trick wieder an sich. Mithilfe des Geistes entführte er Aladins Frau und seinen Palast nach Afrika.

Als Aladin bemerkte, was geschehen war, fiel ihm der Ring des Zauberers ein. Er rieb ihn, und es erschien ein Geist, der fragte: „Was befiehlt mein Meister?"

„Bring mich zu meiner Frau!", bat Aladin. Im Nu war er an ihrer Seite. Dann rieb er den Ring und erbat für seine Frau und sich ewige Glückseligkeit. Und die bekamen sie.

GESCHICHTEN UND GEDICHTE VON TIEREN

Drei kleine Schweinchen

Es waren einmal drei kleine Schweinchen, die fanden, es sei nun Zeit, von zu Hause fort und in die Welt hinauszugehen.

„Vielleicht habt ihr Recht, Jungs", sagte ihre Mutter. „Doch hütet euch vor dem großen bösen Wolf!"

Die Schweinchen machten sich auf den Weg. Bald wurden sie müde. Sie setzten sich hin, um sich auszuruhen. Da kam ein Bauer mit einem Ballen Stroh vorbei. „Mit dem Stroh könnte ich mir ein schönes Haus bauen", sagte das erste Schweinchen. „Geht ihr ohne mich weiter, ich bleibe hier."

Die beiden anderen Brüder waren weitermarschiert. Als sie einen Holzfäller trafen, kaufte das zweite Schweinchen ein großes Bündel Holz. „Damit werde ich mir ein schönes, sicheres Haus bauen", sagte es. „Geh du nur weiter, Bruder, ich bleibe hier."

Das dritte Schweinchen begegnete einem Bauarbeiter, dem er Steine abkaufte. „Damit werde ich mir ein schönes, sicheres Haus bauen."

In der Nacht schlief das erste Schweinchen in seiner Strohhütte. Da weckte es eine barsche Stimme, die rief: „Schweinchen, Schweinchen, lass mich hinein!"

Es war der große böse Wolf!
Das erste kleine Schweinchen zitterte unter der Bettdecke, rief aber mutig: „Nein, nein, ich bin ein mutiges Schwein und lass dich nicht rein!"
„Dann werd ich husten und pusten und deine Hütte wegblasen", grollte der Wolf. Und er pustete und blies mit aller Kraft. Da fiel die Strohhütte um. Das Schweinchen aber rannte so schnell es konnte zum Holzhaus seines Bruders.

In der nächsten Nacht schliefen die Schweinchen fest im Holzhaus, als es der Wolf rief: „Schweinchen, Schweinchen, lasst mich hinein!"
Die Schweinchen ließen ihn wieder nicht ein, und der Wolf pustete auch das

Holzhaus um. Die Schweinchen jedoch rannten zum Ziegelhaus ihres Bruders.

Als in der dritten Nacht alle drei im Ziegelhaus schliefen, da kam der Wolf wieder und brüllte: „Schweinchen, Schweinchen, lasst mich hinein!"

Die Schweinchen klammerten sich aneinander und antworteten: „Nein, nein, wir sind mutige Schwein' und lassen dich nicht rein!"

„Dann werd ich husten und pusten und das ganze Haus wegblasen", brüllte der Wolf. Und er pustete und blies, so fest er nur konnte, doch das Ziegelhaus blieb stehen. Der Wolf war wütend. „Dann komm ich eben durch den Schornstein", sagte er. Das hörten die Schweinchen. Rasch zerrten sie den großen Wasserkessel auf die Feuerstelle unter dem Kamin. Als der Wolf durch den Schornstein kam, da fiel er, plitsch, platsch, in den Kessel mit dem siedenden Wasser. Und das war das Ende vom großen bösen Wolf!

Der Hase und die Schildkröte

Es war einmal ein Hase, der war mächtig stolz auf seine Schnelligkeit. „Keiner rennt schneller als ich!", rief er. „Wer läuft mit mir um die Wette?" „Nein danke", lachten die Tiere. „Wir wissen, dass du schneller bist als wir."

Doch eines Tages meldete sich ein krächzendes Stimmchen: „Ich werde mit Ihnen um die Wette laufen, Herr Hase."

Der Hase machte große Kulleraugen, denn vor ihm stand eine faltige, uralte Schildkröte. „Ach was!", erwiderte der Hase von oben herab. „Ausgerechnet Sie wollen mich herausfordern, Frau Schildkröte?"

Doch der Schildkröte war es ernst, und man einigte sich, dass beide bis zur alten Eiche und wieder zurücklaufen sollten.

„Auf die Plätze, fertig, los!", piepste das Eichhörnchen.

Wie der Wind sauste der Hase davon, während die Schildkröte ganz gemächlich ein Bein nach dem anderen bewegte.

Als er bei der Eiche ankam, war der Hase ziemlich außer Puste, denn er hatte in den vergangenen Monaten mehr geprahlt als trainiert. Er setzte sich unter die Eiche, und ehe er es sich versah, nickte er ein.

Eine gute Stunde später fuhr der Hase plötzlich erschrocken hoch. Aus der Ferne hörte er lautes Jubelgeschrei. Was war das? Sollte die Schildkröte etwa …? Und der Hase sprang auf und rannte, wie er noch nie im Leben gerannt war, doch so sehr er sich auch ins Zeug legte, Frau Schildkröte war um eine ganze Sekunde schneller!

Man sagt, Herr Hase habe in letzter Zeit sehr viel weniger geprahlt. Dafür hört man nun öfter den Wahlspruch von Frau Schildkröte: „Eile mit Weile!"

Der Fuchs und die Ziege

In einem heißen Sommer schlenderte ein schlauer Fuchs übers Land. Er passte nicht auf, stolperte und stürzte in einen tiefen Brunnen.

Der Brunnen war fast ausgetrocknet, sodass der Fuchs nur mit den Füßen im Wasser stand, aber die Wände waren zu glatt und zu steil, als dass er hätte hinausklettern können.

„Hallo, ist da unten wer?", hallte eine dumpfe Stimme durch den Brunnenschacht. Es war die neugierige Ziege. Der schlaue Fuchs erkannte sofort seine Chance: „Meine liebe Freundin", rief er. „Ich nehme ein Fußbad im kühlen Wasser. Komm nur, es ist herrlich hier unten!"

„Aber wie kann ich hinunterkommen?", blökte die Ziege.

„So wie ich, du musst springen", rief der Fuchs.

Da sprang die dumme Ziege in den Brunnen. Das Wasser war angenehm, aber dann fragte sie sich, wie sie wohl wieder herauskommen sollte.

„Nichts leichter als das", sagte der Fuchs. „Leg deine Vorderfüße da an die Wand. Dann steige ich über deinen Rücken hinaus, und dann ziehe ich dich heraus."

Ohne zu denken, tat die Ziege, was der Fuchs vorgeschlagen hatte.

Im nächsten Augenblick grinste sie der Fuchs von oben an: „Meine liebe Freundin, ich kann dich leider nicht herauszuziehen. Du musst schon warten, bis jemand anders kommt!" Und weg war er.

Tief wie der Brunnen ist hier die Moral:
Ehe du springst, schau erst einmal!

Der gestiefelte Kater

Es war einmal ein armer Müller, der hatte drei Söhne. Als er starb, da erbte der älteste Sohn die Mühle, der zweite den Esel, doch für den jüngsten blieb nur der Kater, der in der Mühle die Mäuse fing.

„Wovon sollen wir leben", fragte der Müllerssohn den Kater."

„Mach dir keine Sorgen", sprach da der Kater. „Gib mir nur deine alten Stiefel und einen Sack."

Verwundert gab der Müllerssohn dem Kater, was er verlangte. Der kluge Kater tat ein paar Kohlblätter in den Sack und legte sich damit im Feld auf die Lauer. Nicht lange, da hoppelte ein Kaninchen in den

Sack. Der Kater band den Sack schnell zu und ging damit zum König.

„Euer Majestät", sprach der Kater und verneigte sich vollendet, „mein Herr, der Graf von Carrabas, möchte Euch dieses Kaninchen zum Geschenk machen."

Der König freute sich und trug dem Kater Grüße an den Grafen auf.

Eines Tages sagte der Kater zum Müllerssohn, er solle im Fluss ein Bad nehmen. Der Müllerssohn gehorchte, und der Kater versteckte die Kleider seines Herrn.

Bald darauf kam die Kutsche des Königs vorbei. Der Kater lief aufgeregt hin und rief: „Euer Majestät! Meinem Herrn, dem Grafen von Carrabas, wurden die Kleider gestohlen!"

Sofort schickte der König zum Schloss,

dass man von seinen Kleidern brächte. Als er sie angelegt hatte, fühlte sich der Müllerssohn wirklich wie ein Graf. Der König lud ihn ein, mit in der Kutsche zu fahren, und machte ihn mit der Prinzessin bekannt.

Der Kater rannte inzwischen zum Schloss eines bösen Riesen. „Ich hörte, dass Ihr über mächtige Zauberkraft verfügt und hätte gern eine Probe Eurer Kunst gesehen", sprach der Kater.

Der Riese brüllte vor Lachen und verwandelte sich sofort in einen Löwen.

„Sehr eindrucksvoll!", sagte der Kater, der Angst hatte, es aber nicht zeigte. „Aber wäre es nicht viel schwieriger, sich in ein klitzekleines Tier, vielleicht in eine Maus, zu verwandeln?"

Im Nu war der große Löwe eine winzige Maus und – zack! – sprang der Kater zu. „Mhm, Riesen schmecken gar nicht so schlecht, wie ich dachte", sagte der Kater.

Als der König zum Schloss kam, war alles bereit. „Willkommen im Schloss meines Herrn, des Grafen", sagte der Kater.

Der König war tief beeindruckt, und die Prinzessin war ganz hingerissen. Nicht lang, da waren der arme Müllerssohn und die Prinzessin ein Paar.

Und der Kater? Nun, zu seinem Glück stellte sich heraus, dass das Schloss des Riesen von Mäusen nur so wimmelte.

Stadtmaus und Landmaus

Es war einmal ein fleißiger kleiner Mäuserich, der lebte auf dem Lande. Eines Morgens besuchte ihn sein Vetter aus der Stadt.

„Hallo, Vetter Landmaus!", rief Stadtmaus, „ich hatte die Nase voll von dem Lärm der Stadt und wollte ein paar friedliche Tage bei dir auf dem Lande verbringen."

„Na, dann komm nur herein!", sagte Landmaus und führte den Vetter in seine behagliche Wohnung im Fuß einer alten Eiche. In der Nacht aber wurde Landmaus von seinem Vetter geweckt, der ganz verängstigt sagte: „Ich fürchte mich so! Draußen raschelt und scharrt es, der Wind heult und es ist stockfinster."

Landmaus lachte: „So ist das Landleben. Du wirst dich schnell daran gewöhnen."

Früh am Morgen ging Landmaus an die Arbeit, sammelte Beeren und Samen für den Wintervorrat. Stadtmaus aber war faul. „In der Stadt haben wir jede Menge Essen, ohne dass wir dafür arbeiten müssen", sagte er.

Nachmittags bereitete Landmaus ein Picknick auf der Wiese, aber Stadtmaus fürchtete sich vor den Kühen und den Pferden. „Ich gehe nach Hause", sagte er. „Und du kommst mit mir, Vetter. Das Stadtleben wird dir gefallen. Keine Arbeit, weiche Federbetten und feinstes Essen."

Als die beiden nach einer langen Reise in der Stadt ankamen, quiekte Stadtmaus stolz: „Na, ist das nicht elefantös?" Aber Landmaus verstand keinen Ton, denn der Straßenlärm war viel zu laut. In der Speisekammer stand das tollste Essen, aber Landmaus fand es zu fett und zu süß. „Ich glaub, ich geh ins Bett, mir geht's nicht gut", stöhnte Landmaus. Doch er tat kein Auge zu, draußen hupten die Autos, und die Straßenlaterne war viel zu hell. Am nächsten Morgen schließlich wäre er fast von der Katze erwischt worden.

„Danke für die Einladung", sagte Landmaus, „aber das ist mir zu stressig, ich gehe heim!"

Als er dann mit einer Tasse Mäusetee gemütlich am Kamin saß, da sagte Landmaus zu sich: „Zu Hause ist es doch am schönsten!"

Old MacDonald

Old MacDonald hat 'ne Farm,
IE-EI-IE-EI-O!
Und auf der Farm hat Hühner er,
IE-EI-IE-EI-O!
Mit 'nem Gack, Gack hier,
und 'nem Gack, Gack da,
hier ein Gack, da ein Gack,
überall nur Gack-Gack!
Old MacDonald hat 'ne Farm,
IE-EI-IE-EI-O!

Old MacDonald hat 'ne Farm.
IE-EI-IE-EI-O!
Und auf der Farm hat Schafe er,
IE-EI-IE-EI-O!
Mit 'nem Bäh, Bäh hier …

Old MacDonald hat 'ne Farm ...
Und auf der Farm hat Schweine er ...
Mit 'nem Oink, Oink hier ...

Old MacDonald hat 'ne Farm ...
Und auf der Farm hat Enten er ...
Mit 'nem Quak, Quak hier ...

Old MacDonald hat 'ne Farm ...
Und auf der Farm hat Kühe er ...
Mit 'nem Muh, Muh hier ...

Old MacDonald hat 'ne Farm ...
Und auf der Farm hat Hunde er ...
Mit 'nem Wau, Wau hier ...

Old MacDonald hat 'ne Farm ...
Und auf der Farm hat Katzen er ...
Mit 'nem Miau, Miau hier ...

Die Ameise und die Grille

Vor langer Zeit lebten auf einem sonnigen Hügel eine Ameise und eine Grille. Die Grille saß den ganzen Tag lang in der Sonne, musizierte und erfüllte das Land mit ihrem Sommergesang. „Ich glaube nicht, dass der Winter je kommt, zirpte sie.

Die Ameise dagegen wuselte den ganzen Tag fleißig herum. Von morgens bis abends suchte sie Samen und schleppte sie zu ihrer Vorratskammer. „Der Sommer ist schnell vorbei, Grille", sagte sie. „Ich muss vorsorgen für den Winter."

Bald fielen die Blätter von den Bäumen, graue Wolken zogen über den Himmel, es wurde kalt, und schließlich fielen die ersten Schneeflocken auf den Hügel. Die Ameise hatte es gemütlich und warm in ihrem Nest unter dem Stein, und gut zu essen hatte sie auch. Draußen hörte sie ein trauriges Zirpen. Es war die Grille.

„Liebe Ameise", bettelte sie, „gib mir was zu essen."

Doch die Ameise blieb hart. „Tut mir Leid, Grille", sagte sie, „Wenn ich dir von meinen Vorräten gebe, reicht es für beide nicht."

Schnee fiel auf den Hügel und bedeckte ihn, und die fröhliche Musik der Grille wurde nie wieder gehört.

Die kleine rote Henne

Es war einmal eine kleine rote Henne, die hatte ein paar Weizenkörner gefunden. Sie nahm sie mit zum Bauernhof und fragte die anderen Tiere: „Wer hilft mir, den Weizen zu pflanzen?"

Doch die Katze sagte: „Ich nicht!"

Und die Ratte sagte: „Ich nicht!"

Und das Schwein sagte: „Ich nicht!"

Da sagte die kleine rote Henne: „Dann pflanz ich ihn eben allein."

Zum Ende des Sommers war der Weizen reif und golden. Da fragte die Henne die anderen Tiere: „Wer hilft mir, den Weizen zu ernten?"

Doch die Katze sagte: „Ich nicht!"
Und die Ratte sagte: „Ich nicht!"
Und das Schwein sagte: „Ich nicht!"
Da sagte die kleine rote Henne:
„Dann ernte ich ihn eben allein."

Endlich hatte sie das Korn im Sack.
Als sie die anderen Tiere bat, ihr zu
helfen, den Sack zur Mühle zu bringen,
und später, aus dem Mehl Brot zu
backen, sagten wieder alle Nein.

Als die kleine Henne die duftenden
Brotlaibe aus dem Ofen geholt hatte,
fragte sie die Tiere: „Wer will mir
helfen, das köstliche Brot zu essen?"

„Ich, ich!", rief da die Katze.
„Ich, ich!", rief auch die Ratte.
„Ich, ich!", rief auch das Schwein.
„So, so!", sagte die kleine rote
Henne, „aber ich werde es ganz alleine
essen!" Und das tat sie auch.

Der Elefant und die Maus

Es war einmal ein großer, grauer Elefant, der im Dschungel lebte. Wenn er spazieren ging, dröhnte der Boden von seinen schweren Schritten. Eines Morgens, als er über eine Lichtung trampelte, hörte er ein dünnes Stimmchen. „Bitte", piepste es, „sei bitte vorsichtig. Du stehst auf meinem Schwanz!" Der Elefant blickte hinab und sah ein Mäuschen neben seinem großen, grauen Fuß.

„Tut mir Leid", sagte der Elefant, „zukünftig werde ich besser aufpassen!"

Seit diesem Tag war der Elefant sehr aufmerksam und schaute immer genau hin, bevor er einen Schritt machte, damit er nicht auf ein kleines Tier trat. Er war so beschäftigt damit, dass er die Jäger nicht bemerkte, die hinter ihm herschlichen und ihn mit einem Netz fingen.

Traurig saß er in der Falle, doch plötzlich hörte er wieder das dünne Stimmchen: „Eine gute Tat ruft eine andere hervor", quiekte die Maus, und sie nagte das Netz durch.

Mit fröhlichem Trompeten kam der Elefant frei.

Und die Moral von der Geschichte: Wer andern hilft, dem wird auch geholfen.

Der Wolf und die sieben Geißlein

Es war einmal eine Geißenmutter, die hatte sieben Kinder. Eines Tages musste die Mutter in den Wald gehen, um Essen zu besorgen. Bevor sie wegging, schärfte sie den Kindern ein: „Dass ihr mir, während ich weg bin, niemandem die Tür öffnet! Vor allem nicht dem bösen Wolf, der gern kleine Geißenkinder frisst! Doch den könnt ihr leicht erkennen, denn er hat eine heisere, raue Stimme und haarige, schwarze Pfoten."

Die Geißenkinder versprachen, sehr vorsichtig zu sein, und die

Mutter ging fort. Nicht lang, da klopfte es an die Tür. „Liebe Kinder", sagte eine heisere, raue Stimme, „ich bin es, eure Mutter! Macht mir auf!"

Doch die Kinder, die durch das Fenster die haarigen Wolfspfoten sahen, riefen: „Du bist nicht unsere Mutter, denn du hast eine raue Stimme und schwarze, haarige Pfoten. Geh nur fort!"

Da rannte der Wolf schnell nach Hause und trank ein Glas heiße Honigmilch, damit er eine weiche Stimme bekam. Seine Pfoten tauchte er in weißes

Mehl. Als er wieder klopfte, glaubten die Kinder, die Mutter sei zurück, und machten arglos die Tür auf.

Da stürzte der Wolf mit schrecklichem Gebrüll in die Stube und verschlang die Geißlein, bis auf das Kleinste, das sich schnell im Uhrenkasten versteckte.

Als die Mutter heimkam, erzählte ihr das kleinste Geißlein, was passiert war.

„Na, warte, Herr Wolf!", sagte Mutter Geiß, „ich habe ihn draußen schlafen sehen." Kurz entschlossen nahm sie ihre Schneiderschere und schnitt dem Wolf – schnippschnapp – den Bauch auf. Da kamen all ihre sechs Kinderchen unversehrt herausgekrabbelt. Jedes legte dem Wolf einen großen Stein in den Bauch, und die Mutter nähte ihn zu. Als der Wolf aufwachte, hatte er einen mächtigen Durst und wankte zum Brunnen. Als er sich über den Rand beugte, da zogen ihn die schweren Steine nach unten, er fiel in den Brunnen und ertrank.

Mutter Geiß aber und ihre sieben Kinderchen lebten glücklich bis ans Ende ihrer Tage.

Das hässliche Entlein

Es war einmal eine Entenmutter, die lebte an einem Teich bei einem Bauernhof. Den ganzen Frühling über saß sie auf ihren fünf Eiern und brütete.

Eines Tages konnte man in einem der Eier ein leises Klopfen hören, und bald waren eins, zwei, drei, vier wollig-weiche Küken geschlüpft. Zuletzt kam auch aus dem Fünften, dem größten Ei ein Küken heraus. Die Entenmutter schaute ihr fünftes Küken lange an: Es war kräftig und groß, aber leider sehr hässlich.

Mit jedem Tag sah das Entlein weniger und weniger wie seine Geschwister aus. Die anderen Enten zogen es auf, ja,

sie rissen es an den Federn,
wenn die Mutter nicht schaute.
Das Entlein war so unglücklich, dass
es eines Tages davonlief zu den
Wildenten.

Doch als es zum
großen Sumpf kam, wo
die Wildenten lebten,
da lachten sie laut und
quakten: „Pfui, was
bist du hässlich! Hau bloß
ab, du erschreckst ja unsere
Küken!

Also lief das hässliche Entlein wieder davon. Den ganzen Tag und die
ganze Nacht lief es, bis es schließlich
müde und hungrig zu einer Hütte
kam. Da hockte es sich auf die
Schwelle und schlief traurig ein. Am

Morgen ging die Tür auf, und eine Frau kam aus der Hütte, die sagte: „Du kannst hier bei der Henne und der Katze bleiben." Doch die beiden meinten nur: „Dich können wir hier nicht brauchen, hau ab!"

Viele Monate wanderte das hässliche Entlein allein durch die Wiesen und Sümpfe.

Das Wetter wurde immer kälter, und eines Morgens steckte das hässliche Entlein im über Nacht gefrorenen Sumpf fest. Zum Glück kam ein Bauer vorbei, der befreite es aus dem Eis und nahm es mit heim. Als wieder ein Frühjahr kam, entdeckte das Entlein, dass es inzwischen fliegen konnte. Während es mit kräftigem Schwingenschlag über den See flog, sah es unten wieder die prächtigen weißen Vögel – es waren Schwäne.

„Ach", seufzte das Entlein, „könnte ich doch einer von denen sein", und flog näher hin. Da aber erblickte es im Wasser sein eigenes Spiegelbild – und konnte kaum glauben, was es sah: Einen schneeweißen Vogel mit langem Hals, einen Schwan, und kein hässliches Entlein! Überglücklich landete er im Wasser und gleich kamen alle Schwäne herbei, um ihn zu begrüßen, wie man einen Freund empfängt, der lange verreist war.

Herr Uhu und Frau Mieze

Herr Uhu und Frau Mieze, die stachen in See
in einem wunderschönen, erbsengrünen Boot:
Sie nahmen Honig mit und Geld,
von beidem nicht zu knapp.
Herr Uhu blickte zum Himmelszelt,
bei Mondschein fuhren sie ab.
Zur Gitarre sang Herr Uhu ein Lied:
„O Mieze, du Liebste mein,
wie bist du so schön, wie bist du so fein,
O Mieze, ich bitte dich, werde mein!",
die Melodie übers Meer hinauszieht.
Frau Mieze sprach zu Herrn Uhu:
„Wie bist du galant, und wie klingt deine
Stimme so süß!
Wir wollen Hochzeit halten bald,
wir haben gewartet schon lang.
Jetzt sind wir jung, bald sind wir alt;
bloß wegen des Rings ist mir bang."
Sie segelten fort weit über ein Jahr
zum Land, wo der Palmbaum sich wiegt,
wo am Strande ein Ferkelchen liegt,

durch dessen Nase sich biegt,
ein Ringlein aus Gold wunderbar.
 „Liebstes Ferkel, verkaufe uns deinen Ring!"
Das Ferkelchen stimmte gleich zu.
Sie nahmen den Ring und wurden getraut
vom Truthahn, der dort auf dem Hügel lebt.
Dann schmausten Bräutigam und Braut
vom Honig, der so leckersüß klebt.
Zur Nacht luden ein sie zum Hochzeitstanz:
Sie wirbelten froh Hand in Hand,
sie tanzen am Strand übern Sand,
weil das Ringlein sie endlich verband.

Androkles und der Löwe

Es war einmal ein junger Sklave namens Androkles, der gehörte einem reichen römischen Kaufmann. Der Kaufmann war grausam und behandelte seine Sklaven schlecht. Eines Tages konnte es Androkles nicht länger aushalten und lief davon.

Er rannte und rannte, aber bald war er vor Müdigkeit, Hitze und Durst so erschöpft, dass er nur noch laufen und dann nur noch kriechen konnte. Da sah er den Eingang einer Höhle und schleppte sich mit letzter Kraft hinein.

Plötzlich erschallte ein entsetzliches Brüllen – es war ein Löwe! Doch der Löwe griff nicht an, sondern reichte ihm die Pfote hin, in der ein scheußlicher Dorn steckte.

Androkles überwand seine Angst, näherte sich dem Löwen und zog ihm den Dorn heraus. Der Löwe schnurrte wie eine zufriedene Katze und trottete, noch ein wenig humpelnd, aus der Höhle.

Einige Tage später wurde Androkles wieder eingefangen und in das Gefängnis unter dem großen Zirkus in der Stadt gebracht. Ein Zirkus war damals eine große Arena, in der Sklaven vor vielen Zuschauern mit wilden Tieren um ihr Leben kämpfen mussten, und meistens verloren die Sklaven.

Am Tag der nächsten großen Zirkusspiele wurde Androkles aus seiner Zelle gezerrt und in die Arena gestoßen. Das Publikum klatschte und schrie, als ein Gitter aufging und ein mächtiger Löwe mit Gebrüll in die Arena stürmte. Androkles war sicher, der Löwe würde ihn nun in Stücke reißen.

Da spürte Androkles eine raue Zunge, die ihm über das Gesicht leckte. Statt anzugreifen, rieb der Löwe seinen Kopf an Androkles – es war der Löwe, dem er geholfen hatte.

Die Zuschauer waren erst überrascht, dann aber brach donnernder Jubel los, denn so etwas hatte man noch nie gesehen. Der römische Statthalter ließ Androkles und den Löwen frei. Die beiden aber blieben Freunde ein Leben lang.

Die Nachtigall

Vor langer Zeit lebte in China ein großer Kaiser. Er war mächtiger und reicher als alle Kaiser auf Erden. Sein Palast war groß wie eine Stadt und ganz aus Porzellan, Silber und Gold. Umgeben war der Palast von einem riesigen, wunderschönen Garten, in dem die lieblichsten Blumen, die zartesten Sträucher und die stattlichsten Bäume wuchsen.

Auf einem der Bäume im Garten lebte ein kleiner brauner Vogel. Es war eine Nachtigall. Der Vogel sah ganz unscheinbar aus, doch wenn er den Schnabel aufmachte und sang, so perlten die Töne heraus wie Edelsteine an einer goldenen Kette.

Eines Tages berichtete man dem Kaiser von der Nachtigall. „Wieso wusste ich nichts von diesem Vogel?", fragte er. „Man bringe ihn sofort zu mir!"

Am Abend versammelte sich der gesamte Hof im Thronsaal, und die Nachtigall sang für den Kaiser. Alle, die sie hörten, weinten vor Glück, auch der Kaiser.

„Man stecke den Vogel in einen goldenen Käfig!", befahl der Kaiser barsch. „Ich will diesen himmlischen Gesang jeden Tag hören."

Aber die Nachtigall wurde sehr traurig, und bald konnte sie gar nicht mehr singen. Da wurde der Kaiser zornig. Er ließ die besten Goldschmiede und Uhrmacher seines Reiches kommen und befahl ihnen, eine mechanische Nachtigall zu bauen, die singen konnte, wenn man sie aufzog.

Die mechanische Nachtigall war ganz aus feinem Gold und mit kostbaren Edelsteinen besetzt. Wenn man den goldenen Schlüssel drehte, perlte aus ihrem Schnabel ein herrliches Lied. Und alle sagten, der Vogel sei schöner als die echte Nachtigall, und er singe auch besser, denn sein Lied blieb immer gleich und änderte sich nie. Der echten Nachtigall erlaubte man, wieder in den Garten hinauszufliegen.

Doch dann leierte der Mechanismus der mechanischen Nachtigall aus, und das Lied klang nicht mehr so schön wie einst. Daraufhin wurde der Kaiser sehr krank, und alle glaubten, dass er bald sterben würde. Ganz alleine in seinem prächtigen Schlafgemach wollte er noch einmal die mechanische

Nachtigall hören, doch er war zu schwach, um den Schlüssel zu drehen.

Da drang durch das offene Fenster ein himmlisch schönes Lied in sein Gemach. Draußen auf einem Zweig saß die echte Nachtigall und tirilierte für den Kaiser. Der Kaiser schlief ruhig ein. Am Morgen ging es ihm schon viel besser, und die Hofleute verwunderten sich sehr. Doch er hatte sich sehr verändert. Er regierte noch viele Jahre lang, und die Menschen, die ihn einst gefürchtet hatten, liebten ihn jetzt wegen seiner Milde und Weisheit.

Peter und der Wolf

Es war einmal ein kleiner Junge, der lebte bei seinem Großvater. Jeden Tag ging er in den großen Garten hinter dem Haus und spielte dort mit den Vögeln und den anderen Tieren. Der Großvater sagte zu Peter: „Dass du mir aber nicht durch das Gartentor auf die Wiese hinausgehst. Der Wolf könnte aus dem Wald kommen und dich fressen."

Peter versprach, im Garten zu bleiben, aber an einem schönen Sommermorgen machte er das Gartentor auf und ging hinaus auf die Wiese. Da traf er einen kleinen Vogel. „Hast du zufällig den Wolf gesehen?", fragte Peter.

„Nein, heute nicht", antwortete der Vogel. „Doch wenn der Wolf Hunger hat, ist keiner vor ihm sicher. Schau, die Ente. Sie ist dir gefolgt, du musst sie vor dem Wolf warnen."

Die Ente wollte im Teich schwimmen. „Komm ins Wasser!", rief sie dem Vogel zu. „Es ist herrlich!"

„Nein, nein", zwitscherte der Vogel. „Schwimmen ist langweilig. Fliegen ist viel besser." Und er flatterte am Ufer hin und her, um seine Kunst zu zeigen. Dabei bemerkte er nicht, wie sich die Katze im hohen Gras anschlich.

Zum Glück bemerkte Peter sie im letzten

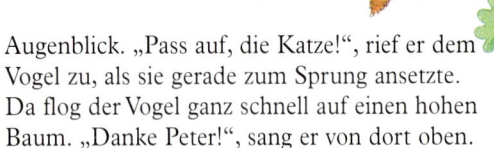

Augenblick. „Pass auf, die Katze!", rief er dem Vogel zu, als sie gerade zum Sprung ansetzte. Da flog der Vogel ganz schnell auf einen hohen Baum. „Danke Peter!", sang er von dort oben.

Ein wenig später kam der Großvater in den Garten. „Peter", rief er, „komm sofort in den Garten zurück!"

Wieder versprach Peter, nicht auf die Wiese hinauszugehen.

Draußen auf der Wiese aber schlich inzwischen ein großer grauer Schatten durch das Gras – es war der Wolf. Die Katze und der Vogel retteten sich auf den Baum, nur die arme Ente war zu langsam. Der Wolf verschlang sie mit einem Happen!

Vom Garten aus hatte Peter alles gesehen. Gleich dachte er sich einen klugen Plan aus, den Vogel und die Katze zu retten. Er holte ein Seil und kletterte auf die Gartenmauer. „Flieg dem Wolf um den Kopf und mach ihn schwindlig!", rief er dem Vogel zu. Von dem Vogel abgelenkt, sah der Wolf nicht, dass Peter das Seil, in das er eine Schlinge geknüpft hatte, an den Baum hängte.

Mit dem Schwanz verfing sich der Wolf in der Schlinge. Da kamen ein paar Jäger aus dem Wald. „Hier her!", rief Peter. „Wir haben den Wolf gefangen!" Was für eine Prozession, als die Jäger den Wolf zum Zoo brachten!

„Quak, quak!" Auch die Ente im Bauch vom Wolf war froh. Sie strampelte mit den Füßen, denn sie ahnte, bald würde sie freikommen! Kein Wunder, dass dem Wolf schlecht war!

Die Arche Noah

Vor langer Zeit lebte ein guter Mensch namens Noah. Er tat immer das Rechte, auch wenn seine Freunde ihn deshalb oft auslachten.

Eines Tages sprach Gott zu Noah: „Ich will die Welt vom Bösen befreien, du aber sollst gerettet werden. Du sollst ein großes Schiff bauen, eine Arche, in die sollst du außer deiner Familie von allen Tieren je ein Paar aufnehmen."

So machte sich Noah an die Arbeit.

„Willst du verreisen?", spotteten die Leute. „In dem Kahn wirst du aber nicht weit kommen!"

„Ihr könnt ja mitkommen, wenn ihr wollt", antwortete Noah.

Doch die Leute lachten nur noch mehr.

Als die Arche fertig war, rief Noah seine Söhne und deren Frauen und bat sie, ihm zu helfen, von jeder Tierart auf Erden je ein Paar in die Arche zu bringen.

„Von jeder Art?", fragte der jüngste Sohn, der sich vor Spinnen ekelte.

„Von jeder Art", entgegnete Noah fest. „Und wir müssen aufpassen, dass sie sich nicht gegenseitig fressen."

Und so wurden die Tiere Paar für Paar zur Arche geführt und bekamen ihren Platz angewiesen. Dann stieg auch Noah mit seiner Familie ein, und Gott schloss die Türen der Arche.

Da zogen plötzlich schwarze Wolken auf, und es begann zu regnen; es goss wie aus Kübeln und hörte nicht mehr auf. Die Arche knarrte und ruckte. „Wir schwimmen", rief Noah. „Alle Schotten dicht!"

Vierzig Tage und Nächte trieb die Arche auf den Fluten. Endlich hörte der Regen auf. „Die Wasser fallen", sagte Noah, „wir müssen einen Ankerplatz suchen."

Noah schickte Vögel hinaus, nach Land zu schauen, doch erst nach einigen Versuchen kam eine Taube nicht wieder zurück.

„Sie hat Land gefunden und baut ein Nest", sagte Noah. Am nächsten Tag tat es einen gewaltigen Ruck, da war die Arche an einem Berg gestrandet. Glücklich kletterten Noah, seine Familie und alle Tiere aus der Arche. Noah hob die Hände zum Himmel und dankte Gott, dass er sie alle gerettet hatte.

„Du hast deine Sache gut gemacht, Noah", sprach Gott. „Dafür verspreche ich dir, dass ich die Erde, die ich geschaffen habe, nie wieder zerstören werde."

Und als Erinnerung an dieses Versprechen machte Gott einen großen, bunten Regenbogen, der von der Erde bis zum Himmel reichte.

Küken Schnüken

Eines Tages, als Küken Schnüken gerade spazieren ging, fiel ihm eine Eichel auf den Kopf. „Großer Gott", rief Küken Schnüken, „der Himmel stürzt ein. Das muss ich gleich dem König berichten!"

Also machte sich Küken Schnüken auf den Weg, den König zu suchen. Unterwegs begegnete ihm Henne Schlenne und Gockel Schmockel. „Wo gehst du hin, Küken Schnüken?", fragten sie.

„Der Himmel stürzt ein", antwortete Küken Schnüken, „und ich will es dem König berichten."

„Dann kommen wir mit", sagten Henne Schlenne und Gockel Schmockel, und so machten sich Küken Schnüken, Henne Schlenne und Gockel Schmockel auf den Weg zum König.

Unterwegs trafen sie Ente Schlente und Erpel Schnerpel. „Wo geht ihr hin?", fragten die beiden.

„Der Himmel stürzt ein", sagte Küken Schnüken, „und wir wollen es dem König berichten."

„Dann kommen wir mit", meinten Ente Schlente und Erpel Schnerpel. So machten sich Küken Schnüken, Henne Schlenne, Gockel Schmockel, Ente Schlente und Erpel Schnerpel auf dem Weg zum König, bis ihnen Ganter Schmanter und Puter Schnuter begegnete. „Wo wollt ihr denn hin?", fragten sie neugierig.

„Der Himmel stürzt ein", rief Küken Schnüken, „und wir müssen es dem König sagen."

„Ja, da kommen wir doch gleich mit", entschieden Ganter Schmanter und Puter Schnuter. Nun waren Küken Schnüken, Henne Schlenne, Gockel Schmockel, Ente Schlente, Erpel Schnerpel, Ganter Schmanter und Puter Schnuter auf dem Weg zum König.

Da trat ihnen Fuchs Dibux entgegen und sagte: „Wohin denn so eilig, meine Lieben?"

„Der Himmel stürzt ein", gackerte Küken Schnüken „wir müssen es dem König sagen."
„Nun, dann ist es wohl am besten, ihr folgt mir", sagte Fuchs Dibux höflich, „denn ich kenne den Weg." Doch der schlaue Fuchs Dibux führte Küken Schnüken, Henne Schlenne, Gockel Schmockel, Ente Schlente, Erpel Schnerpel, Ganter Schmanter und Puter Schnuter nicht zum König, sondern zu seiner Höhle tief im Wald, wo seine Familie die ganze Gesellschaft zum Frühstück verspeiste.

Wer kommt zum Geburtstag?

Wer kommt zum Geburtstag?
Ich, piepst der Spatz,
drum haltet frei mir 'nen Platz.

Wer bringt ein Geschenk?
Ich, summt die Fliege,
damit Kuchen ich kriege.

Wer deckt den Tisch?
Ich, japst der Fisch.
Wenn der Kaffee recht frisch.

Wer backt die Torte?
Ich, haucht der Käfer,
denn ich bin kein Langschläfer.

Wer stimmt an ein Liedchen?
Ich, schuhut die Eule,
weil so gräulich ich heule.

Wer steckt an die Kerzen?
Ich, krächzt der Rabe,
wenn's nicht erledigt die
Schabe.

Wer bringt die Blumen?
Ich, säuselt der Falter,
sonst bringt sie mein
Alter.

Das war ein Geburtstag,
so was sah man noch nie.
Und als das schöne Fest
vorbei,
krähte der Fisch: Kikeriki!

Ein Geschenk für Peter

Manchmal ist es schwierig, das richtige Geschenk für einen Freund zu finden. Peters Freude hatten dieses Problem jedes Jahr zu Weihnachten. Dieses Schwein hatte nichts anderes im Kopf, als den ganzen Tag vor dem Fernseher zu sitzen. Er las keine Bücher und spielte keine Spiele – manchmal zog er sich morgens nicht einmal an!

Eines Tages hatte seine
Freundin Bella eine Idee und
schenkte ihm ein Fitness-Video.
Peter freute sich sehr über das
Geschenk und schaute das Video
immer und immer wieder
an – doch niemals erhob er sich aus
seinem Sessel und machte mit!
Vielleicht wird er sich ja jetzt bald bessern,
denn dieses Jahr hat ihm niemand mehr etwas
zu Weihnachten geschenkt!

Der schlaue Fuchs und die kleine rote Henne

Es war einmal eine kleine rote Henne, die lebte allein im Wald. Sie hatte dort ein nettes kleines Haus, das sie vor dem schlauen Fuchs schützte, der in der Nähe wohnte.

Eines Morgens ging die Henne in den Wald, um Feuerholz zu sammeln. Der Fuchs hatte sie dabei beobachtet, lief schnell zu ihrem Haus und versteckte sich darin.

Als die kleine rote Henne ins Haus kam, sprang der Fuchs aus seinem Versteck.

Gackernd vor Angst flatterte die Henne zum Dachbalken hinauf und drückte sich in eine Ecke. Dort oben glaubte sie sicher zu sein.

Der schlaue Fuchs lachte vor sich hin. „Mir entwischst du nicht so leicht, kleine rote Henne", sagte er und fing an, sich schnell im Kreis zu drehen und dabei nach seinem eigenen Schwanz zu schnappen. Die Henne schaute und schaute, bis ihr vom Zuschauen so schwindlig war, dass sie vom Dachbalken stürzte.

Genau das hatte der schlaue Fuchs natürlich geplant! Er nahm die kleine rote Henne, steckte sie in einen Sack und brachte sie heim zu seiner Mutter. Die sollte ein schönes Essen aus der Henne kochen.

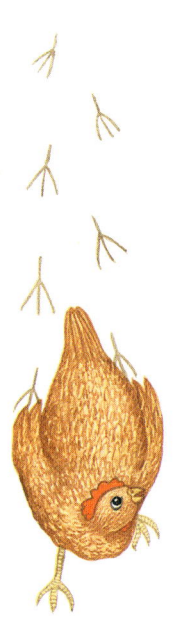

Unterwegs wurde der Fuchs müde. Er stellte den Sack ab, legte sich hin und schlief ein. Als sie den Fuchs schnarchen hörte, pickte die Henne vorsichtig ein Loch in den Sack, schlüpfte hinaus und sammelte ein paar Steine, die sie ganz leise in den Sack legte. Dann schlich sie auf Zehenspitzen davon.

„Uhaa!", gähnte der Fuchs, als er aufwachte, nahm den Sack und wollte gehen. „Nanu!", sagte er. „Die Henne ist ja inzwischen viel schwerer geworden."

Als er nach Hause kam, sprudelte schon das Wasser im Topf. Der Fuchs und seine Mutter hoben den Sack hoch und hielten ihn über das kochende Wasser. Da plumpsten die Steine mit einem großen Platscher in das Wasser, dass es hoch aufspritzte und den Fuchs und seine Mutter verbrannte. Die beiden bekamen einen solchen Schreck, dass sie ganz weit wegliefen – und seither hat sie niemand mehr gesehen.